“十四五”职业教育国家规划教材

供护理、助产及其他医学相关专业使用

社 区 护 理

SHEQU HULI

主　编　马　英

副主编　郭姗姗

编　者（按姓氏汉语拼音排序）

郭姗姗（安徽淮南卫生学校）

何红丽（南阳医学高等专科学校）

李丽仙（云南省曲靖护理学校）

刘　岚（南宁市卫生学校）

马　英（南宁市卫生学校）

苏　婵（云南省曲靖护理学校）

王灵英（广西融水民族卫生学校）

秘　书　刘　岚

科学出版社

北　京

内 容 简 介

本书是中等职业教育数字化课程建设教材之一。全书共10章，主要内容包括绪论、居民健康档案、社区家庭护理、社区重点人群的保健与护理、社区慢性病的管理和护理、社区传染病患者的护理与管理、社区护理中常用的流行病学方法与评价指标、社区健康教育与健康促进、社区康复护理与管理、社区安宁疗护。本书内容顺应国家有关社区护理发展及社区护士队伍建设的政策要求，突出社区护理的特点和技能，适当介绍新知识、新技术、新理念。各章的引导案例，便于学生在情景中体验学习，以培养学生的综合职业素质。每章后附有自测题，帮助学生归纳复习和巩固知识要点。

本书可供护理、助产及其他医学相关专业使用，亦可供社区护士培训和临床护理人员参考使用。

图书在版编目（CIP）数据

社区护理 / 马英主编. —北京：科学出版社，2018.6
“十四五”职业教育国家规划教材
ISBN 978-7-03-055389-8

Ⅰ. 社… Ⅱ. 马… Ⅲ. 社区 - 护理学 - 中等专业学校 - 教材 Ⅳ. R473.2

中国版本图书馆CIP数据核字（2017）第281923号

责任编辑：池 静 / 责任校对：张凤琴
责任印制：赵 博 / 封面设计：铭轩堂

科学出版社 出版
北京东黄城根北街16号
邮政编码：100717
http://www.sciencep.com
北京科印技术咨询服务有限公司数码印刷分部印刷
科学出版社发行 各地新华书店经销
*
2018年 6 月第 一 版 开本：787×1092 1/16
2024年 8 月第十一次印刷 印张：8
字数：190 000

定价：31.00 元
（如有印装质量问题，我社负责调换）

中等职业教育数字化课程建设规划教材

中等职业教育数字化课程建设规划教材

教材目录

书名	主编	书号
1. 语文	孙敬华　李经春	978-7-03-055597-7
2. 英语	方　莉	978-7-03-055594-6
3. 医护英语	曹　岚	978-7-03-055598-4
4. 计算机应用基础	张全丽	978-7-03-055596-0
5. 职业生涯规划与就业指导	宋晨升	978-7-03-055723-0
6. 护理礼仪	李　蕾	978-7-03-055595-3
7. 人际沟通	王艳华	978-7-03-055397-3
8. 解剖学基础	万爱军	978-7-03-055390-4
9. 生物化学	钟楠楠　丁金娥	978-7-03-055482-6
10. 化学（第 3 版）	丁宏伟	978-7-03-055914-2
11. 医用物理（第 2 版）	李长驰	978-7-03-055913-5
12. 生理学基础	柳海滨	978-7-03-055393-5
13. 病理学基础	周士珍　卢桂霞	978-7-03-055395-9
14. 药物学基础	符秀华　付红焱	978-7-03-055387-4
15. 医学遗传学基础	王　懿	978-7-03-055349-2
16. 病原生物与免疫学基础	郑小波　王有刚	978-7-03-055449-9
17. 护理学基础	郭　蔚	978-7-03-055480-2
18. 内科护理	张晓萍	978-7-03-055354-6
19. 外科护理	王　萌　郝　强	978-7-03-055388-1
20. 妇产科护理	李民华	978-7-03-055355-3
21. 儿科护理	李砚池	978-7-03-055394-2
22. 健康评估	袁亚红　程　颖	978-7-03-055391-1
23. 社区护理	马　英	978-7-03-055389-8
24. 老年护理	杨建芬　张　玲	978-7-03-055350-8
25. 传染病护理	曾志励	978-7-03-055720-9
26. 中医护理基础	韩新荣	978-7-03-055558-8
27. 急救护理技术	程忠义	978-7-03-055396-6

前　言 QIAN YAN

党的二十大报告指出“人民健康是民族昌盛和国家强盛的重要标志。把保障人民健康放在优先发展的战略位置，完善人民健康促进政策。”贯彻落实党的二十大决策部署，积极推动健康事业发展，离不开人才队伍建设。“培养造就大批德才兼备的高素质人才，是国家和民族长远发展大计。”教材是教学内容的重要载体，是教学的重要依据、培养人才的重要保障。科学出版社积极贯彻党的二十大报告精神，坚持为党育人、为国育才。本套教材在积极落实教育部最新《中等职业学校专业教学标准（试行）》要求的基础上，结合我国医药职业院校当前的育人需求，组织多家医药职业院校编写了本套教材。本套教材具有以下特点。

1. 新形态教材　本套教材是以纸质教材为核心，通过互联网尤其是移动互联网，将各类教学资源与纸质教材相融合的一种教材建设的新形态。读者可通过中科云教育平台，快速实现图片、音频、视频、3D 模型、课件等多种形式教学资源的共享，并可在线浏览重点、考点及对应习题，促进教学活动的高效开展。

2. 对接岗位需求　本套教材中依据科目的需要，增设了大量的案例和实训、实验及护理操作视频，以期让学生尽早了解护理工作内容，培养学生学习兴趣和岗位适应能力。教材中知识链接的设置，旨在扩大学生知识面，鼓励学生探索钻研专业知识，不断进步，更好地对接岗位需求。

3. 切合护考大纲　本套教材紧扣最新《护士执业资格考试大纲（试行）》的相关标准，清晰标注考点，并针对每个考点配以试题及相应解析，便于学生巩固所学知识，及早与护考接轨，适应护理职业岗位需求。

4. 落实立德树人根本任务　将思政教育融人专业知识的学习过程中，着力培养医学专业学生敬佑生命、救死扶伤、甘于奉献、大爱无疆的崇高精神。

社区护理是护理学与医学、社会学、公共卫生学、预防医学、康复医学等相关学科相结合的新兴应用型学科，是社区卫生服务的重要组成部分，是护理专业主干课程之一。为贯彻《国家中长期教育改革和发展规划纲要（2010—2020 年）》《教育信息化十年发展规划（2011—2020 年）》精神，落实教育部最新《中等职业学校专业教学标准（试行）》要求，本书基于国家社区卫生服务改革发展特点，结合国家卫生和计划生育委员会 2016 年 11 月《全国护理事业发展规划（2016—2020 年）》中对加快社区护理发展、加强社区护士队伍建设的需要，参照国家卫生和计划生育委员会 2017 年《国家基本公共卫生服务规范（第三版）》《安宁疗护实践指南（试行）》《安宁疗护中心基本标准和管理规范（试行）》等，通过对社区护理相关理论和实践技能的阐述，要求护理专业学生掌握社区护理的基本理论、基本知识和基本技能，具备为社区居民提供综合性、连续性、可及性护理服务的岗位基本能力。

本书为全国中等职业教育数字化课程建设规划教材之一，重在应用，力求反映社区护理发展新知识、新技术、新理念。在编写结构上以社区卫生服务内容为主线，分别从社区、家庭和个人护理服务内容进行阐述。

全书共 10 章，以案例导入情景，主要概括了社区卫生服务和社区护理的基本理论、基本知识和基本技能，内容紧跟教学改革与社区护理发展前沿，各章后附有自测题，帮助学生掌握知识，提高实践应用能力。在编写过程中，坚持以学生为本，立足于社区护理的实际工作，努力突出教材的科学性、启发性、创新性和实用性，以培养适应市场需求的社区护理人才。

本书参考和引用了国内外相关书籍和文献资料，编写工作得到各编者所在单位领导的关心、支持与帮助，在此表示衷心感谢！

由于时间和水平有限，书中难免有不足与疏漏之处，我们恳请使用本书的师生、护理同仁和读者惠予批评指正。

编 者

2023 年 8 月

目录 MU LU

第1章

绪　论

第1节　社　　区

世界卫生组织（WHO）认为，社区卫生服务是改善全人类健康，特别是改善发展中国家贫困人群健康的一项根本措施。1997年《中共中央、国务院关于卫生改革与发展的决定》明确提出，“要改革城市卫生服务体系，积极发展社区卫生服务，逐步形成功能合理，方便群众的卫生网络”，这给我国卫生保健体制和医疗保健模式的改革指明了方向。卫生服务必须贯彻“社区化”原则，运用社会医学理论和方法，从社区的角度研究卫生服务的需求、组织、实施，这是搞好医疗卫生工作一条切实可行的途径。

一、社区的概念

“社区”一词源于拉丁语，意思是共同的东西和亲密的伙伴关系，最初由德国的社会学家滕尼斯应用到社会学的研究中，20世纪30年代初，我国社会学家费孝通在翻译滕尼斯的著作*Community and Society*（社区与社会，著于1887年）时，从英文单词“community”翻译过来的，后来被许多学者开始引用并逐渐流传下来。从滕尼斯开始，不同国家和地区关于社区的定义和解释多种多样。

费孝通先生将“社区”一词引入中国，之后社区成了中国社会学的通用术语。1984年，费孝通对社区作了明确的阐述，即“社区是若干社会群体（家庭、氏族）或社会组织（机关、团体）聚集在某一地域里所形成的一个在生活上相互关联的大集体”。由此可见，社区是与人们的生活和健康息息相关的场所，是构成社会的基本单位，是宏观社会的缩影。

（考点：社区的概念）

二、社区的基本构成要素

社区的构成必须具备以下五个基本要素：

1. 一定数量的人群　社区人群是社区的核心，是社区构成的第一要素。一定数量和质量的人群是社区构成的先决条件。社区人口的数量并无统一要求。WHO认为，一个有代表性的社区人口数量为10万～30万；而我国社区人口数量一般为3万～10万。

2. 一定面积的地域　社区地域是社区存在和发展的前提，是社区构成的另一要素。其面积也无统一标准。WHO认为，一个有代表性的社区地域面积为5～50km^2；而我国按行政区域划分，如城市社区按街道办事处、居委会辖区划分，农村社区按乡镇、村委会辖区划分。

3. 一定的配套设施　社区设施是社区人群生产与生活所必需的物质条件，如学校、医院、商业网点、娱乐场所、交通、通信等，可以满足居民的基本物质、文化和精神需求。一般要求设施要配套齐全、分布合理。

4. 一定程度的认同感 认同感是指社区居民对所住社区在感情和心理上产生的一种共识，是衡量一个社区的重要标准。社区居民长期共同生活，逐渐形成共同的文化习俗和生活方式，如婚姻、饮食，增强了社区的凝聚力和约束力。

5. 一定的管理机构 管理机构的正常运行是社区工作正常开展的保证。我国社区的基层管理机构是居委会和派出所，主要负责社区户籍、治安、环境卫生等方面的管理，并通过建立规章制度、文明公约等规范人们的日常行为。

三、社区的功能

1. 社会化功能 社会化是指自然人成长为社会人的过程。社区居民在共同生活中学习和掌握社会知识、技能与规范，还与其他居民沟通交流、相互影响，逐渐形成了社区特有的风俗习惯、文化特征、价值观念和意识形态。这成为他们成长发展过程中社会化的一个重要组成部分。

2. 生产、分配与消费功能 社区是人们从事生产和生活的基本环境，为人们生存和发展提供了空间。社区内可以从事一定的生产与分配来满足社区居民的基本生活需要，并为社区居民提供就业与谋生的机会。

3. 社会控制功能 为保证社区居民的利益，完成社区的各种功能，社区各类机构与团体通过制订各种规章制度、行为规范来约束社区居民的行为，一方面鼓励居民遵守社会规范，另一方面对违反社会规范的居民给予惩罚，在维护社区秩序、保障社区安全等方面发挥着重要作用。

4. 社会参与功能 社区是居民生活交往的场所，也是居民直接参与社区日常事务的地方。社区提供一定的公共活动场所，如老人活动站、青少年活动中心等，给居民自由参与和彼此交流的机会，提高社区居民的参与意识，使居民有归属感或认同感。

5. 互相支持功能 社区对特殊人群（或弱势群体）提供力所能及的帮助，如社区内的养老院、福利院等机构提供的各种福利服务，社区居民邻里间的相互帮助，社区卫生服务机构提供的医疗保健服务等，以满足居民医疗、娱乐及相互支持与照顾的功能。

（考点：社区的功能）

第2节 社区卫生服务

一、社区卫生服务的概念

1999年1月，卫生部等十部委在《关于发展城市社区卫生服务的若干意见》中指出：社区卫生服务是社区建设的重要组成部分，是在政府领导、社区参与、上级卫生机构指导下，以基层卫生机构为主体，全科医师为骨干，合理使用社区卫生资源和适宜技术，以健康为中心、家庭为单位、社区为范围、需求为向导，以妇女、儿童、老年人、慢性患者、残疾人等为重点，以解决社区主要卫生问题、满足基本卫生服务需求为目的，融预防、医疗、保健、康复、健康教育及计划生育技术指导等为一体的，有效、经济、方便、综合、连续的基层卫生服务。

我国的社区卫生服务突出社区预防与保健，强调了促进社区卫生和个体健康相结合，是有中国特色的社区卫生服务。它不完全等同于国外的全科医学或全科医疗。开展社区卫生服务要从国情、省情、区情出发，要与经济、社会发展水平和居民的承受能力相适应。

二、社区卫生服务的内容

社区卫生服务是融预防、医疗、保健、康复、健康教育和计划生育技术指导等六位一体的基层卫生服务。具体内容如下：

1. 社区预防 是社区卫生服务的工作重点。主要包括：①预防接种服务。②传染病及突发公共卫生事件报告和处理服务。③诊断明确的慢性病患者的管理服务。④城乡居民健康档案管理服务。⑤卫生监督协管服务。

2. 社区医疗 以门诊和出诊为主要形式，是目前社区卫生服务中工作量最大的部分，但不是工作重点。主要包括：①常见病、多发病的诊治服务。②急危重症患者的院前急救和转诊服务。③出诊、巡诊及家庭病床服务。

3. 社区保健 为社区重点人群提供相应的健康管理服务。主要包括：①各期妇女保健，服务重点是孕产妇。②各期儿童保健，服务重点是0～6岁儿童。③老年保健，如体格检查、健康指导等。

4. 社区康复 了解社区残疾人等功能障碍患者的基本情况和医疗康复需求，充分利用社区资源，采取综合措施，为病伤残者提供康复服务，尽量使其身心整体康复，重新融入社会。

5. 社区健康教育 是社区卫生服务的核心内容，也是提高公民健康素养的重要手段。通过健康教育活动促使人们自觉采纳有益于健康的行为和生活方式，如预防性病（艾滋病等）、生殖健康、无偿献血、禁毒及控烟等宣传教育，最终提高社区居民的整体健康水平。

6. 社区计划生育技术指导 主要为社区育龄妇女提供方便、有效的计划生育政策宣传、技术咨询和指导等服务。

（考点：社区卫生服务的内容）

三、社区卫生服务的特点

与医院服务相比较，社区卫生服务具有以下特点：

1. 公益性 医院主要提供医疗服务，而社区卫生服务除了提供基本医疗服务外，还承担预防、保健等公共卫生服务，更具有公益性。

2. 主动性 医院被动地等患者上门，而社区卫生服务更注重于主动上门服务，设立家庭病床、开展家庭访视等服务。

3. 全面性 医院仅为患者提供服务，而社区卫生服务却面向全体居民，除了患者，还有亚健康人和健康人。

4. 综合性 医院主要提供医疗服务，而社区卫生服务除了提供基本医疗服务外，还提供预防、保健、康复、健康教育和计划生育技术指导等服务。

5. 连续性 医院医生一般不回访患者，其医疗服务也因某一健康问题的解决而终止；而社区卫生服务则对生命的全过程及疾病发生、发展的全过程提供服务。

6. 可及性 社区卫生服务机构设在社区，方便居民就诊；同时它使用适宜技术、提供基本医疗服务和基本药品，价格相对低廉，居民能够承担。

四、社区卫生服务的方式

社区卫生服务的方式与专业医疗或预防保健机构明显不同，主要表现在以下几方面。

1. 主动上门服务 一是根据《社区卫生服务合同》，定期或不定期为合同服务对象上门巡诊；二是通过居民电话预约，安排临时性上门服务，如送医送药、健康咨询等。

2. 咨询热线服务 开通24小时热线电话或网络咨询服务，提供就诊指南、健康咨询、联系出入院、家庭出诊、转会诊等服务。

3. 家庭病床服务　根据社区居民的需求，选择适宜的病种开设家庭病床，进行规范的管理和服务。

4. 双向转诊服务　建立双向转诊服务机制，及时把急危重症或疑难杂症患者转到合适的医院诊治，同时接受医院转回的慢性病和康复期患者，以保证患者得到连续性的医疗康复服务。

五、我国社区卫生服务体系概述

（一）社区卫生服务机构的设置

根据《城市社区卫生服务机构设置和编制标准指导意见》（中央编办发〔2006〕96号），社区卫生服务机构由社区卫生服务中心和社区卫生服务站组成，具备条件的地区可以实行一体化管理。

1. 社区卫生服务中心　政府原则上按照街道办事处（或乡镇）范围或3万～10万居民规划设置社区卫生服务中心。在街道办事处（或乡镇）范围内的一级医院和街道卫生院，可直接改造为社区卫生服务中心。社会力量举办的卫生医疗机构，符合标准的也可认定为社区卫生服务中心。若街道办事处（或乡镇）范围内没有上述医疗机构，政府应当建设一个社区卫生服务中心或引进卫生资源举办社区卫生服务中心。

社区卫生服务中心房屋建筑面积不应少于1000m^2，具备开展社区卫生服务的基本设备和条件。中心至少设日间观察床5张，原则上不设住院病床，根据需要可设立不超过50张病床进行护理康复服务。中心至少要配备6名全科医师及9名注册护士。设有病床的中心，每设一张床位，建筑面积至少增加30m^2，每5张病床至少增加配备1名执业医师和1名注册护士。

2. 社区卫生服务站　根据社区覆盖面积及人口，在社区卫生服务中心下设若干社区卫生服务站。社区卫生服务站是社区卫生服务中心的补充，方便附近居民就诊和接受社区卫生服务。一般由社区卫生服务中心举办，或由综合性医院、专科医院举办，也可按照平等、竞争、择优的原则，通过招标选择社会力量举办。

社区卫生服务站房屋建筑面积不应少于150m^2，具备开展社区卫生服务的基本设备及条件。服务站至少设日间观察床1张，不设病床。至少要配备2名全科医师，每名全科医师至少配备1名注册护士。

（二）社区卫生服务机构的主要职责

按照国家有关规定，社区卫生服务机构提供社区、基本公共卫生服务和社区基本医疗服务，其主要职责包括社区预防、社区保健、社区医疗、社区康复、社区健康教育、社区计划生育等。

第3节　社区护理

案例 1-1　张大爷，65岁。患高血压10余年。1个月前与家人争吵后，引发脑出血偏瘫，卧病在家，生活不能自理，主要由其妻子王阿姨照顾。王阿姨60岁，已退休，身体健康，近2周开始出现情绪烦躁、容易失眠等症状。

问题： 1. 社区护士如何针对张大爷家的健康问题开展工作？

2. 如何对王阿姨进行心理指导？

一、社区护理概述

（一）社区护理的概念

“社区护理”由美国的露丝·伊思曼于1970年首次提出。社区护理起源于公共卫生护理。不同国家和地区使用时名称可能不同，也称为社区保健护理或社区卫生护理，简称社区护理。

1980年美国护理学会定义：“社区护理是将护理学与公共卫生学理论相结合，用以促进和维护社区人群健康的一门综合学科。”该定义更强调两门学科的综合。美国公共卫生护理组织定义：“社区护理是护理工作的一部分，它是护士应用护理及相关的技巧，解决社区、家庭和个人的健康问题或满足他们的健康需要。”

我国对社区护理的定义：“以健康为中心、家庭为单位、社区为范围、需求为导向、特殊人群为重点，提供预防、保健、基本医疗服务、健康教育、计划生育、康复‘六位一体’的综合、连续、便捷的护理服务。”该定义更强调服务的范围与内容。

（二）社区护理的特点

社区护理除具有护理学、公共卫生学的特点外，还突出表现为以下几方面特点：

1. 以健康为中心　社区护理的目标是促进和维护社区人群的健康，因此社区护理的工作重点是预防保健性服务。

2. 以人群为对象　社区护理的服务对象是社区所有人群，包括患病人群、高危人群和健康人群。

3. 高度自主性　家庭护理是社区护理的重要组成部分，大多由社区护士独立完成，要求社区护士具有高度的自主性，即独立判断和解决问题的能力。

4. 工作多样化　社区护理服务的内容是广泛而综合的，包括预防保健及医疗护理服务，护理时间长期而连续，护理服务的个性化与可及性，都体现了社区护理工作的多样化。

5. 多部门协作　社区中影响居民健康的因素可能涉及多个部门，要求社区护士与各部门通力协作，既要与社区或医疗机构人员密切合作，又要与社区居民或管理人员相互协调。

（考点：社区护理的特点）

（三）社区护理的主要工作范围

1. 社区健康教育　以促进和维护居民健康为目标，向社区居民提供有计划、有组织、有评价的健康教育活动，提高居民的健康意识，逐步养成健康的行为和生活方式，最终提高整体健康水平。

2. 社区保健服务　利用定期体检、家庭访视等机会，为社区重点人群提供有针对性的保健指导服务，如健康体检、体育锻炼、合理营养、计划免疫等。

3. 社区预防服务　以健康为中心、社区为范围、人群为对象的综合性健康促进与疾病预防服务，如疾病防治、环境卫生、学校卫生、职业卫生、饮食卫生等。

4. 社区慢性病患者的管理　为明确诊断的社区高血压、2型糖尿病及精神疾病患者提供健康管理服务，如提供家庭医疗护理、指导家属或照顾者正确进行生活护理、合理用药等，减少疾病复发，改善健康状况，提高生活质量。

5. 社区转诊服务　社区卫生服务机构将限于设备或者技术条件不能诊治的患者转入上级医疗机构，以得到及时、有效的诊治；待病情好转稳定后再转回社区卫生服务机构，进行后续治疗、康复或护理。

6. 社区康复服务　利用家庭和社区资源为社区慢性病患者、残疾人及老年人提供康复护理服务，帮助他们改善健康状况，恢复功能。

7. 社区临终服务　从生理、心理及社会各方面，尽量满足临终患者及其家属的需要，减轻患者痛苦，提高生存质量，同时减少对家庭其他成员的影响。

8. 社区院前急救　利用专业急救的知识和技能，提高社区现场的救治成功率。还需向社区居民普及急救知识，以提高居民自救、互救的能力和水平。

二、社区护士

（一）社区护士的职责

2002年1月，卫生部印发的《社区护理管理的指导意见（试行）》明确规定了社区护士的职责，其具体情况如下。

1. 参与社区护理诊断工作，负责辖区内人群护理信息的收集、整理及统计分析，了解社区人群健康状况及分布情况，注意发现社区人群的健康问题和影响因素，参与对影响人群健康不良因素的监测工作。

2. 参与对社区人群的健康教育与咨询、行为干预和筛查、健康档案建立、高危人群监测和规范管理工作。

3. 参与对社区传染病预防与控制工作，参与预防传染病的知识培训，提供一般消毒、隔离技术等护理技术指导与咨询。

4. 参与完成社区儿童计划免疫任务。

5. 参与社区康复、精神卫生、慢性病防治与管理、营养指导工作。重点对老年患者、慢性病患者、残疾人、婴幼儿、围生期妇女提供康复及护理服务。

6. 承担诊断明确的居家患者的访视、护理工作，提供基础或专科护理服务，配合医生进行病情观察与治疗，为患者与家属提供健康教育、护理指导和咨询服务。

7. 承担就诊患者的护理工作。

8. 为临终患者提供临终关怀护理服务。

9. 参与计划生育技术服务的宣传教育与咨询。

（二）社区护士应具备的素质

1. 良好的职业道德和强烈的责任感　社区护理工作具有相对独立性，要求社区护士具有高度的自觉性和良好的职业道德。要有爱心、耐心和强烈的责任感，以维护和促进社区人群健康为己任，积极奔走于社区，急人之所急，主动为社区居民提供力所能及的护理服务。

2. 健康的身体素质和心理素质　社区护理工作比较繁忙，还时常要上门服务，若没有健康的身体则无法胜任。另外，社区护士接触面广，难免会遇到一些突发状况，因此社区护士应胸怀豁达，具有较强的情绪自控能力，才能更好地开展护理服务。

3. 丰富的知识、技能与经验　社区护士不仅需要掌握护理学的知识与技能，而且需要掌握公共卫生学的知识与技能，更需要在实际工作中不断积累经验。只有拥有了丰富的学识，发现和处理问题才能游刃有余。

（三）社区护士应具备的能力

1. 人际沟通能力　面对具有不同背景的合作者和护理对象，社区护士应具备良好的职业素质，掌握社会学、心理学及人际沟通技巧，才能做到有效交流和沟通。

2. 实际操作能力　社区护士应具备熟练的护理操作技能，为社区患者提供优质的护理服务。

3. 健康教育能力　健康宣教是社区护理的一项重要内容，社区护士要帮助社区居民了解必要的健康知识，改变他们对健康的态度，实践健康的生活方式和行为，同时掌握常用的护理操作技能，如高血压患者如何自己测量血压，糖尿病患者自己为自己进行胰岛素注射等，提高他们的整体健康素养水平。

4. 分析决策能力　社区护士的服务对象及内容十分广泛，遇到的健康问题往往比较复杂，还要经常深入家庭独立开展工作，只有具备较强的综合分析和独立决策能力方可胜任。

5. 组织管理能力　社区护士不仅要向社区居民提供直接的护理服务，而且经常要负责人员、物资和各类活动的安排，需要具备一定的组织管理能力。

6. 科学研究能力　社区护士肩负着发展社区护理的重任，不仅要求其精通业务知识，而且还要具备一定的科学研究能力，能独立或与他人共同进行社区护理科研工作，努力探索适合我国国情的社区护理服务模式，推动我国社区护理事业的发展。

7. 自我防护能力　社区护士应增强法律意识，事先与患者或家属签订有关协议书，并完整记录患者病情，以此作为法律依据。还应增强安全意识，如避免携带贵重物品，注意交通及人身安全等。

（考点：社区护士任职的基本条件）

链　接

社区护士任职条件

社区护士任职，应具备以下条件：①具有国家护士执业资格并经注册；②经过地（市）以上卫生行政部门规定的社区护士岗位培训；③独立从事家庭访视护理工作的护士，应具有在医疗机构从事临床护理工作5年以上的工作经历。

（四）社区护士的角色

在社区卫生服务中的不同场合、不同情况、不同时间，社区护士承担着多种角色：

1. 护理者　是社区护士最基本的角色，其护理对象包括个人、家庭和社区全人群。社区护士需同时具备护理学与公共卫生学的知识和技能，才能有效地为社区居民服务。

2. 健康教育者与咨询者　是社区护士的一个重要角色。社区护士与社区居民接触最多，是开展社区健康教育与健康咨询的最佳人选。社区护士可以根据社区居民的不同需求开展针对性的健康教育，满足社区居民了解健康知识的愿望。

3. 健康代言人　社区护士需了解国内外的相关政策和法规，做好社区护理评估，及时发现威胁居民健康的各种问题，并积极采取措施或呼吁上报有关部门予以解决，以保护社区居民的健康。

4. 组织者与管理者　对社区的人员、物资及各种活动进行安排，有时还需对有关人员进行培训。

5. 协调者与合作者　社区护士需协调社区内各类人群的关系，保持良好的沟通，以便工作顺利进行。同时，社区护士要与相关部门密切合作，才能团结一致实现工作目标。

6. 观察者与研究者　社区护士需要有敏锐的观察能力，以便及时发现社区内现存或潜在的健康问题及其影响因素。同时积极主动地参与或领导相关护理科学研究，并将自己的研究成果应用到社区护理实践中去。

三、社区护理的发展

（一）国外社区护理的发展

1. 家庭护理阶段（公元元年～1859 年） 社区护理早期发展多与宗教及慈善事业有关。早在 19 世纪中期以前，由于卫生服务资源匮乏、医疗水平所限以及护理专业的空白，多数患者在家休养，由家庭主妇看护或照顾。她们绝大多数没受过任何看护训练，只能给予患者一些基本的生活照顾。圣经《新约•罗马书》曾记载了社区护理史上第一位访视护士即圣菲比。公元 399 年，基督教会修女菲碧奥拉建造了第一所慈善医院来收容患者。1669 年，法国天主教神父圣文森•保罗在巴黎成立了“慈善姊妹社”，为贫困人员与患者提供服务，这就是社区护理的雏形。

2. 地段访视护理阶段（1859～1900 年） 1859 年，英国企业家威廉•勒斯朋的妻子患慢性疾病长期卧床，得到地段护士玛丽•罗宾森夫人精心护理后康复，他深深体会到患病在家得到护理的重要性，因此大力倡导家庭护理运动，在利物浦市成立了第一个地段访视护理机构。1874 年，英国伦敦成立了全国访问贫病护士学会。1890 年，美国访问护士机构已有 21 家。地段访视护理在英、美两国主要侧重于对居家贫困患者的护理，包括指导家属对患者进行护理。从事地段访视护理的人员多数为志愿者，少数为护士。1885 年在美国纽约成立地段访视社，后统一命名为“访视护理协会”。

3. 公共卫生护理阶段（1900～1970 年） 该阶段服务对象由贫困患者扩大到地段居民，服务内容由单纯的医疗护理扩展到预防保健服务。正式提出公共卫生护理名称的是美国护士丽莲•伍德。1912 年，她在南丁格尔所用的“卫生护理”前面加上“公共”二字，成立全国公共卫生护理学会，制定公共卫生护理的原则和标准，设置公共卫生护理教育课程，并在 1944 年将其纳入大学教学，作为护理学士学位课程的必修课。她积极推动社区护理运动，提倡妇幼卫生和全民的卫生保健，被称为现代公共卫生护理的开创人。

4. 社区护理阶段（1970 年～） 1970 年，美国的露丝•伊斯曼首次提出“社区护理”一词，以区别于公共卫生护理。之后，世界各国越来越多的护士以社区为范围，以促进健康、防治疾病为目标，提供社区护理服务。1978 年，WHO 给予肯定并加以补充，要求社区护理成为社区居民“可接近的、可接受的、可负担得起”的卫生服务，由此开始了社区护理的新时代。

（二）国内社区护理的发展

我国社区护理的发展起步较晚。1925 年，北京协和医学院建立了“第一卫生事务所”，并设置了预防医学课程。1932 年，国民政府设立中央卫生实验处，对公共卫生护士进行培训。到 1945 年，北平有 4 个卫生事务所教学区。

中华人民共和国成立后，我国参照苏联卫生系统模式设立了防疫站、妇幼保健所、结核病防治所等，但多数医学院校并未开设公共卫生或社区护理课程。

1983 年起，我国恢复高等护理教育，课程设置中增加了培养护士预防保健意识和技能的内容。1992 年开始护理硕士研究生教育，第二军医大学护理学院、北京大学护理学院、中国协和医科大学护理学院成为第一批护理硕士点。1994 年，卫生部所属的八所医科大学与泰国清迈大学联合开办护理硕士班，在课程中设置了社区及家庭护理课程。

1996 年 5 月，中华护理学会在北京举办了“全国首届社区护理学术会议”，会议倡导要大力发展及完善我国的社区护理。全国各地相继开设了社区卫生服务中心。1997 年，首都医科大学设立了社区护理专业。《中国护理事业发展纲要（2005-2010）》提出：“要发展社区护理，拓展护理服务。”2016 年，国家卫生和计划生育委员会印发的《全国护理事业发展规划（2016-2020 年）》再次提出：“拓展护理服务领域，加快社区护理发展。”通过加强社区护士的培训，鼓励大型医院帮扶和带动基层医疗卫生机构提高健康管理、康复促进、老年护理等方面的服务能力；鼓励基层医疗卫生机构发展家庭病床和居家护理，为长期卧床患者、晚期姑息治疗患者、老年患者等人群提供护理服务。国务院印发了《关于发展城市社区卫生服务的指导意见》，为规范与加强社区护理教育和实践提供了保证。

自 测 题

一、名词解释

1．社区 2．社区护理 3．社区卫生服务

二、填空题

1．构成社区的基本要素之一是_____。

2．社区卫生服务内容“六位一体”指的是_____、_____、_____、_____、_____、_____。

3．社区卫生服务的方式有_____、_____、_____、_____。

4．社区的主要功能有_____功能、_____功能、_____功能、_____功能及_____功能。

5．社区卫生服务的特点为_____、_____、_____、_____、_____、_____。

三、选择题

A_1/A_2 型题

1．社区卫生工作的重点为（　　）

A．提供社区护理

B．促进社区人群健康

C．方便社区人群治疗

D．给予社区人群照顾

E．社区计划生育技术指导

2．社区护理起源于（　　）

A．康复医学　　B．替代护理

C．临床医学护理　　D．公共卫生护理

E．保健护理

3．在社区护理形成与发展过程中，地段护理阶段的主要护理内容是（　　）

A．促进健康　　B．疾病护理

C．疾病预防　　D．自我护理

E．恢复健康

4．下列有关社区护理特点的叙述，不正确的是（　　）

A．以健康为中心

B．以个体为主体

C．有较高的自主权和独立性

D．与多部门合作提供综合服务

E．高度自主性

四、案例分析题

社区护士小王值夜班时，遇到一位车祸患者。查体：T 36.5℃，P 112 次 / 分，R 30 次 / 分，BP 90/60mmHg，口唇轻度发绀，腹部有明显的压痛，肝脾未触及异常。小王给予患者氧气吸入、建立静脉输液通道后，马上联系救护车转送医院治疗。

请问：1．社区护士小王充当的角色有哪些？

2．要胜任社区护士岗位，小王应具备哪些素质和能力？

（王灵英）

第2章 居民健康档案

居民健康档案是以居民健康为核心、贯穿整个生命过程、涵盖各种健康相关因素、实现信息多渠道动态收集、满足居民自身需要和健康管理的信息资源。建立居民健康档案是国家基本公共卫生服务项目之一，是社区卫生服务工作的一项重要内容，是社区卫生工作者为居民提供连续性服务的重要依据。

第1节 建立居民健康档案的目的与作用

案例 2-1 某社区按照《城乡居民健康档案管理服务规范》的要求，对辖区内居住半年以上的户籍及非户籍居民建立健康档案。该社区常住居民共有 13 254 人，建立居民健康档案者共 13 254 人。

问题： 1. 建立居民健康档案有哪些作用？

2. 居民健康档案有哪些类型？

3. 如何对居民健康档案进行管理？

一、建立居民健康档案的目的

（一）评估社区居民的健康问题

健康档案详细完整地记录了社区居民一生中生命变化的发生、发展及其健康相关事件的过程，建立真实、规范的健康档案，可以了解社区居民的基本情况和健康状况，通过全面、连续、动态的健康记录，评估社区居民的健康问题和对社区卫生服务的需求，经进一步的调查和资料收集，比较分析，确定社区诊断，找出影响健康的危险因素，制订针对性卫生服务计划和干预措施，为开展社区疾病的综合防治工作提供科学依据。

（二）评估社区卫生服务质量

居家健康档案为社区卫生服务的管理提供了基础性的技术支撑，是监督和评估社区卫生服务质量管理和技术水平的重要部分，也反映了社区医生的文书书写水平。健康档案的动态记录和使用频率，可反映全科医生团队对辖区内居民开展健康管理服务的落实情况，也是上级卫生机构开展督查和考核的主要指标，以此可以评估社区卫生服务的质量。

（三）普及健康知识，促使居民改变不良的行为和生活习惯

通过建立健康档案，可以普及健康知识，从而改变人们不良的行为和生活习惯，提高健康水平及卫生健康质量。

（四）为全科医生和社区护士高效工作提供便利

居民健康档案动态记录了社区居民的个人基本信息和医疗卫生服务相关的内容，如个人生活行为习惯、疾病治疗和预防情况，家族疾病病史，周期性健康体检及就诊经历等。全科医生及社区护士通过查阅健康档案的原始资料，可以及时掌握辖区居民的健康动态，早期发现人群

中潜在的健康危险因素高危人群的疾病分布情况，作出正确判断，采取相应的干预措施。因此，建立居民健康档案可以为全科医生及社区护士进行高效的工作提供便利。

二、建立居民健康档案的作用

（一）为制定卫生政策提供依据

完整的居民健康档案不仅记录着每个社区居民的主要健康问题，同时记录着社区的主要卫生问题、卫生资源及其利用状况等信息。各级政府及卫生行政部门通过对档案信息的统计分析，做出社区诊断，制定切实可行的卫生政策或卫生服务规划。

（二）可以提高居民自我保健能力

居民可以通过查阅自己的健康档案，系统、完整地了解自己不同生命阶段的健康状况和利用卫生服务的情况。同时，通过比较一段时间内接受相关医学检查及卫生服务效果的数据，可发现自身健康状况的变化及疾病的发展趋势等，提高自我预防保健意识和主动识别健康危险因素的能力，接受医疗卫生机构的健康咨询和指导，提高自我保健能力。

（三）提供教学和科研资源

对于社区卫生服务人员和学生来说，居民健康档案是良好的参考资料。居民健康档案收集了一个人从出生到死亡整个过程中其健康状况的变化发展情况及所接受的各项卫生服务记录，为各种不同类型的课堂研究提供良好的素材。同时，居民健康档案以问题为中心的健康记录，反映了居民生理、心理、社会方面的问题，具有连续性、逻辑性，是很好的教材，有利于培养学生的临床思维和处理患者的能力，所以规范、完整、系统的健康档案是最好的教学资料和科研资料。

（四）为评价社区卫生服务质量和技术水平提供依据

系统、完整的居民健康档案是开展社区卫生服务的文件记录，在服务过程中不断更新与利用，便于进行居民健康档案的管理，从而规范服务行为和改善服务效率，在一定程度上反映了社区卫生服务质量和技术水平。

（五）为司法工作提供参考依据

居民健康档案记录全面、客观、公正、规范、医疗及法律效力高，是基层卫生服务领域重要的法律文书。

第 2 节　居民健康档案的类型与内容

一、居民健康档案的类型

根据记录内容，健康档案可分为个人健康档案、家庭健康档案和社区健康档案。

根据记录材质，健康档案可分为纸质健康档案和电子健康档案。电子健康档案与新型农村合作医疗、城镇基本医疗保险等医疗保障机构相衔接，实现了各医疗卫生服务机构间数据的互联互通，为社区居民跨医疗机构、跨地区就医行为的信息共享提供了保证。

二、居民健康档案的内容

（一）个人健康档案的内容

个人健康档案是指一个人从出生到死亡的整个过程，其健康状况的发展变化情况及所接受的各项卫生服务记录的总和。内容包括个人基本信息、主要疾病和健康问题摘要及各种卫生服务记录三部分。目前我国居民个人健康档案是采用国家统一制定的2011年版本，具体健康档案的表单有：

1．居民健康档案封面　姓名、现住址、户籍地址、联系电话、乡镇（街道）名称、村（居）委会名称、建档单位、建档人、责任医生、建档日期等。

2．个人基本信息　①人口学资料，如年龄、性别、文化程度、职业、社会经济状况等；②健康行为资料，如饮食习惯、运动、饮酒、就医行为等；③既往史和家族史，既往疾病治疗情况、外伤史、手术史及家庭主要成员主要疾病、遗传史等；④生物学基础资料，如身高、体重、腰围、臀围、血压等；⑤生活环境，如住室通风、饮水、厕所等环境情况等。

3．健康体检　一般健康检查、生活方式、健康状况及其疾病的用药情况、非免疫规划预防接种史、中医体质辨识、现存的主要健康问题、健康评价、健康指导、危险因素控制等。

4．重点人群健康管理记录　0～6岁儿童健康管理记录、孕产妇健康管理记录、预防接种卡、老年人健康管理记录、高血压患者随访服务记录、2型糖尿病患者随访服务记录、脑卒中患者随访服务记录、冠心病患者随访服务记录、恶性肿瘤患者随访服务记录、重性精神疾病患者管理记录等。

5．接诊记录表　主要包括就诊者的主观资料、客观资料、评估、处置计划等。

接诊记录表供社区居民由于急性或短期健康问题接受咨询和医疗卫生服务时使用，应以能够如实反映居民接受服务的全过程为目的、根据居民接受服务的具体情况填写。健康问题描述大多采用SOAP形式进行描述，对患者每次就诊情况进行详细记录，将健康问题按顺序逐个加以描述。

S（subjective data）：主观资料。是患者或患者家属、照顾者等提供的主诉、症状、不适感觉、疾病史、家族史和社会生活史等资料。按照患者的陈述记录，以表达其原本的意思。

O（objective data）：客观资料。是社区卫生服务人员在服务过程中，通过体格检查、实验室检查、X线检查、心理测量和行为测量而获得的结果，也包括观察到的患者态度、行为等。

A（assessment）：对健康问题的评估，也是问题描述的关键部分。是社区医护人员对就诊者的主、客观资料进行综合分析作出的判断而进行的评估。

P（plan）：处理计划。一般应包括诊断计划（如进一步确诊需做的检查）、治疗计划（如用药、治疗方式等）、健康教育计划、保健指导、康复计划等。

6．其他医疗卫生服务记录　会诊记录、双向转诊单及居民健康档案信息卡等。

（1）会诊记录表：供社区居民接受会诊服务时使用，由责任医生填写。

（2）双向转诊单：包括转出单和回转单，供社区居民双向转诊时使用，由转诊医生填写。

（3）居民健康档案信息卡：供社区居民复诊、随访时使用，由责任医生在建档时填写并发放。

（二）家庭健康档案的内容

家庭健康档案是以家庭为单位，记录与居民健康有关的各种家庭因素及家庭健康问题的系统资料，体现了社区卫生服务以家庭为单位照顾的专业特色。家庭健康档案内容包括家庭基本资料、家庭评估资料、家庭主要健康问题目录及问题描述、家庭成员健康资料等。

1．家庭基本资料　通常置于家庭健康档案的首页，主要包括：①家庭基本信息，如户主姓名、家庭住址、联系电话等；②家庭环境状况，如居住面积、饮用水来源、通风采光情况等；③家庭经济状况，如家庭年收入、家庭年人均收入等；④各家庭成员基本情况，如姓名、性别、关系、学历、婚姻、职业、主要健康问题等。

2. 家庭评估资料 包括家庭结构、家庭功能、家庭生活周期、家庭内外资源等内容。

3. 家庭主要健康问题目录及问题描述 家庭主要健康问题目录主要记录每个家庭成员和整个家庭在家庭生活周期各个阶段的重大生活事件、行为与生活方式、家族遗传性疾病，以及与健康有关的一些问题及家庭功能的评价结果。

4. 家庭成员健康资料 主要内容同个人健康档案。一般以家庭为单位，将个人档案并入家庭健康档案进行管理。

（三）社区健康档案的内容

社区健康档案是记录社区健康问题、评估社区特征及健康需求的系统资料。社区健康档案目前没有统一的范本，各地根据实际情况设计项目，主要是记录社区卫生状况、社区环境特征、社区卫生资源利用及居民健康状况等信息。完整的社区健康档案主要包括以下四个方面。

1. 社区基本资料 主要包括：①社区的自然环境，如社区的地理位置、面积、气候等；②社区的社会环境，如居民的宗教信仰、风俗习惯、社区文化等；③社区的经济水平，如社区重要产业发展、社区经济状况、居民生活水平等；④社区的组织机构，如社区组织机构的种类、配置及相互协调状况等。

2. 社区卫生服务资源 主要包括：①社区卫生服务机构，如医疗保健机构、健康教育机构、福利机构等；②社区的卫生人力资源，如社区卫生服务人员的数量、结构（年龄、性别、职称、专业）等状况。

3. 社区卫生服务状况 主要包括：①门诊服务，如每年门诊量、门诊人均费用、患者就诊原因分类等；②住院服务，如住院率、平均住院天数、住院费用等；③转诊、会诊服务，如转诊、会诊率，转诊、会诊原因，转诊、会诊适应程度分析等；④家庭服务，家庭访视种类及人次，家庭病床数、家庭问题分类及处理情况等。

4. 社区居民健康状况 主要包括：①社区人口学资料，如社区人口数量及构成，社区人口统计指标；②社区居民患病资料，如社区居民发病率、患病率及疾病谱等；③社区居民死亡资料，如社区居民的死亡率及死因谱等；④社区居民健康危险因素评估资料，如主要健康危险因素的种类、分布、频率、严重程度等。

第 3 节 居民健康档案的建立、管理与使用

一、居民健康档案的建立

1. 建档对象 为辖区内常住居民，包括半年以上的户籍及非户籍居民，并为 0～6 岁的儿童、孕产妇、老年人、慢性病患者和重性精神疾病患者等重点人群优先建档。

2. 建档方式 建立居民健康档案的方式有以下两种。

（1）即时建档：辖区居民到基层卫生服务机构接受服务时，由全科医生负责为其建立居民健康档案，并根据主要健康问题和服务提供情况填写相应记录，同时为服务对象填写并发放居民健康档案信息卡。这种一对一的建档方式，使医生有充足的时间进行调查和健康检查，保证健康档案的完整性和真实性。

（2）入户建档：通过入户调查或入户服务、疾病筛查、健康体检等多种方式，由基层医疗机构组织医务人员为居民建立健康档案，并根据其主要健康问题和服务提供情况填写相应记录。这种群体性建档方式速度快，因建档对象多、工作量大，容易出现资料填写遗漏，准确性不高

而影响档案的质量。

入户建档是常用的方法，同时应利用各种机会优先为重点人群建立健康档案。

二、居民健康档案的管理与使用

（一）居民健康档案的管理

《卫生部关于规范城乡居民健康档案管理的指导意见》提出，居民健康档案要实施规范化管理。

1. 统一存放　居民健康档案应当统一存放于城乡基层医疗卫生机构。设立档案室，由专人负责保管，可以是挂号人员兼管，或是社区医生、护士保管。档案室（或档案柜）须防尘、防火；一般以家庭为单位装入档案袋，档案袋应标记编号或颜色，以便查找和调阅。例如，绿色代表一般健康档案，红色代表高血压患者健康档案，黄色代表糖尿病患者健康档案。就诊时要即时做好调档、就诊、登记和归档，转诊、借用居民健康档案必须做好登记，事后及时收回，确保每次使用完毕准确归位，使档案整齐有序。同时，应遵循安全管理制度，注意保护居民的个人隐私。

2. 定期更新　城乡基层医疗卫生机构提供医疗卫生服务时，应当调取并查阅居民健康档案，了解辖区内居民的健康动态变化情况，服务后及时记录、补充和完善健康档案。每年定期对健康档案进行核查、补充及更新。已经建立健康档案信息系统的机构应当同时更新电子健康档案。

3. 终身保存　居民健康档案一经建立，要为居民终身保存。社区居民健康档案应由社区卫生服务机构集中保存，配备相应的档案保存室和设备，并按照防盗、防晒、防高温、防火、防潮、防尘、防鼠、防虫等要求妥善保管健康档案，指定专（兼）职人员负责健康档案管理工作，保证健康档案完整、安全。档案按编号顺序摆放，便于查找，并设专人保管。居民健康档案由国家统一编码，采用17位编码制，与建档居民的身份证号作为统一的身份识别码，为在信息平台下实现资源共享奠定基础。城乡基层卫生机构因故发生变更时，应当将所建立的居民健康档案完整移交给上级卫生行政部门或承接延续其功能的管理机构。

4. 安全管理　不得造成健康档案的损毁、丢失，不得擅自泄漏健康档案中的居民个人信息及涉及居民健康的隐私信息。除法律规定必须出示或出于保护居民健康目的，居民健康档案不得转让、出卖给其他人员或机构，更不能用于商业目的。

5. 档案电子化　要逐步建立电子档案信息系统。各地要积极创造条件，逐步推进建立标准化电子档案，电子健康档案信息系统要逐步与新型农村合作医疗、城镇职工和居民基本医疗保险信息系统，以及传染病报告、免疫接种、妇幼保健和医院电子病例等信息系统互联互通，实现信息资源共享，建立以居民健康档案为基础的区域卫生信息平台。

健康档案通过信息化手段，可实现不同医疗卫生机构之间健康信息资源共享，建立以居民健康档案为基础的区域卫生信息平台，有利于提高医疗卫生服务效率，改善服务质量，节约医药费用等，对于最大限度发挥健康档案的作用具有十分重要的意义。在健康档案的应用过程中，应及时更新、补充相应记录内容，避免出现“假档”“死档”。已经建立电子档案信息系统的机构应同时更新电子健康档案。

（二）居民健康档案的使用

1. 到机构就诊　已经建立健康档案的居民到社区卫生服务机构复诊时，应出示居民个人健康档案信息卡或医疗保健卡，由医护人员或导诊人员根据信息卡信息调取就诊者的健康档案，并转给接诊医生。接诊医生通过阅读健康档案快速熟悉就诊者基本情况，再根据复诊或随访情况填写接诊记录，并及时更新、补充相应记录内容。若就诊地点与健康档案管理场所不一致，可在乡卫生院与村卫生室开工作例会时进行双向信息反馈。

2．入户服务或随访重点管理人群　开展入户服务或随访重点管理人群时，由责任医护人员实现调取管理对象的健康档案，了解基本情况并随身携带相应表单。在服务过程中，填写相关重点人群管理记录表，并及时更新、补充相应记录内容。还需与随访对象进行下次随访预约，并记录管理记录表。

3．转诊、会诊　在复诊或随访中遇到需要转诊、会诊的患者，接诊医生应同时填写转诊、会诊记录表与住院记录。

4．周期性健康检查　周期性健康检查服务对象健康档案的调取与居民复诊或随访时相同。责任医生应根据周期性检查表的内容，为就诊者进行检查，填写新一轮的周期性检查表，同时根据情况补充或更新居民健康档案中的主要健康问题目录。

自 测 题

选择题

A_1/A_2 型题

1．社区居民健康档案的建档对象是（　　）
　A．辖区内所有居民
　B．辖区内部分居民
　C．辖区内居住半年以上的户籍居民
　D．辖区内居住半年以上的非户籍居民
　E．辖区内居住半年以上的户籍及非户籍居民

2．下列关于社区居民健康档案管理描述错误的是（　　）
　A．居民健康档案应当统一存放于城乡基层医疗卫生机构
　B．每次就诊后应该及时记录以更新健康档案
　C．社区居民可以随意借阅健康档案
　D．档案一经建立，须终身保存
　E．要尽可能实现档案电子化

3．重点人群健康管理记录不包括（　　）
　A．产后 42 天健康检查记录表
　B．高血压患者随访服务记录
　C．孕产妇健康管理记录
　D．1 型糖尿病患者随访服务记录
　E．0～6 岁儿童生长发育监测图

4．关于社区健康档案不正确的说法是（　　）
　A．个人基本资料是个人健康问题记录中的主要项目
　B．个人、家庭和社区健康档案的资料是完全独立的，彼此不能借用
　C．实现档案电子化，达到资源共享
　D．健康档案要统一编号，集中存放
　E．借用居民健康档案必须做好登记，事后及时放回

A_3/A_4 型题

（5～7 题共用题干）

温馨社区居民李大爷，65 岁，退休职工，患糖尿病 10 年。近日来因经常出现睡眠不好、视物模糊、乏力等现象来到社区卫生服务中心门诊就诊。社区护士小王接诊了李大爷。

5．若要为李大爷建立居民健康档案，最好应选择（　　）
　A．入户建档　　B．即时建档
　C．自行建档　　D．护士编写档案
　E．延迟建档

6．李大爷的健康档案袋应标记（　　）
　A．绿色　　B．蓝色
　C．红色　　D．黄色
　E．黑色

7．为李大爷建立的健康档案属于（　　）
　A．个人健康档案　　B．家庭健康档案
　C．社区健康档案　　D．病历
　E．接诊记录

（何红丽）

第 3 章

社区家庭护理

第 1 节　家庭与健康

案例 3-1　张某，女，17 岁，学生。母亲陪同就诊，诊断为单纯性甲状腺功能亢进，采用药物治疗、定期复查，医生要求母亲对张某的用药情况进行督促。然而治疗 3 个月后病情未见好转。原因是其父认为年纪轻轻不必天天吃药，主张靠锻炼，而母亲不敢多说，致使用药过程断断续续。

问题： 1. 该家庭的类型、家庭权利结构是如何的？

2. 该家庭处于家庭发展的哪个阶段？其家庭的发展任务是什么？

家庭是一种重要的关系，是由一个或多个有密切血缘、婚姻、收养或朋友关系的个体组成的团体，它是社会团体中最小的基本单位，也是家庭成员共同生活、彼此依赖的处所。家庭对预防、矫正和护理家庭成员的健康问题负有主要责任。

一、家庭概述

（一）定义

家庭是通过生物学关系、情感关系或法律关系联系在一起的一个群体。家庭关系基本上是一种终身关系。

（二）家庭类型

1. 核心家庭　由父母及未婚子女组成。也包括夫妇无孩（丁克家庭）。

2. 主干家庭　由父母、已婚子女及第三代组成。

3. 联合家庭　由核心家庭及其较近的亲戚组成，如叔叔、姑姑、姨妈等。

4. 其他类型家庭　如兄弟姐妹组成的家庭、单亲、单身、同居、同性恋家庭等。

（三）家庭的结构

家庭的结构指家庭内部的构成和运作机制，反映了家庭成员之间的相互作用和相互关系。

1. 家庭内在结构　指成员间互动行为、家庭关系。包括六个方面：家庭权力结构、家庭角色结构、沟通形态、家庭价值观、家庭界限、家庭气氛与生活空间。

（1）家庭权力结构：反映权力在家庭内部的分布情况，决策时谁的作用最大，谁的作用次之，决定时家庭成员之间的相互作用方式（表 3-1）。

表 3-1　家庭权力结构类型和特点

类型	特点
传统权威型	不考虑他的地位、能力等（父权）
工具权威型	负责供养家庭、掌握经济权威的人物（养家）

续表

类型	特点
感情权威型	家庭感情生活中起决定作用的人。家庭成员承认其权威（“妻管严”）
分享权威型	家庭成员共商作决定（按能力分享）

（2）家庭角色结构：是指家庭成员在家庭中所占有的特定地位。家庭角色分配是依照家庭工作性质和责任自行决定的。在家庭里，每个成员通常同时承担几个角色（丈夫、父亲、儿子等），每个成员所扮演家庭角色的成功与否，是影响家庭健康的重要因素。

（3）沟通形态：是家庭成员相互间交换信息、沟通感情、调控行为、维持家庭稳定的有效方式。开放、和谐的有效沟通，有助于化解家庭矛盾、解决家庭问题，促进家庭成员间的关系。

（4）家庭价值观：是指一种思想、态度和信念，是家庭判断是非的标准以及对某件事情的价值所持的态度，受到家庭所处的文化背景、宗教信仰和社会价值观的影响。家庭的疾病观、健康观、宗教观直接关系到成员的就医行为、遵医性、实行预防措施、改正不良行为等，直接影响家庭健康的维护。

（5）家庭界限：形成有别于家庭内外的界限，控制成员在家庭内外活动的规则；如爱情生活的专一性和排他性。家庭界限不清或过于对外开放，外人容易介入，家庭易受到外界的干扰和威胁。

（6）家庭气氛与生活空间：指感情气氛，决定家庭成员间相爱程度、个人表现风格、表达能力和个性、家庭沟通习惯等，是通过家庭成员间的交往表现出来的。共同生活空间对夫妻间的感情发展有影响；对孩子的学习、成长，充分发挥想象力有影响；对家庭成员的休息、思考和回忆等有影响。若家庭气氛淡薄，则容易在外寻求精神安慰，不利于家庭的稳定。

2. 家庭外在结构　指人口结构，即家庭类型，指一切与家庭衣食住行相关的外围环境。

（四）家庭的功能

家庭功能是指家庭本身所固有的性能和功用，家庭功能决定是否满足家庭成员在生理、心理及社会各方面、各层次的要求。

家庭具有以下五种功能：满足情感需要的功能，社会化功能，生育和性需要的调节功能，抚养、赡养和健康照顾的功能，经济的功能。

（五）家庭生活周期及家庭面临的发展任务

家庭也存在着由诞生到成熟乃至最终衰老死亡和新的家庭诞生的周期循环。家庭生活周期是指从夫妻组成家庭开始，到孩子出生、成长、工作、结婚、独立组成家庭，而夫妻又回到了二人世界，最后夫妻相继去世。

我国目前应用最广泛的学说是杜瓦尔（Duvall）家庭生活周期表。以核心家庭为主，将家庭发展过程分为八个阶段：新婚期—有婴幼儿—有学龄前儿童—有学龄儿童—有青少年—有孩子离家创业—空巢期—老年期。

家庭发展任务是指家庭在各发展阶段所面临的、普遍出现的、正常变化所致的、与家庭健康有关的课（问、难）题。

家庭的每个发展阶段，家庭成员都有其特定的角色和责任，问题家庭总是在各阶段出现矛盾，社区护士主要工作之一就是帮助家庭和家庭成员预防及克服各阶段的健康问题，促进家庭完成发展任务（表 3-2）。

表 3-2 家庭生活周期主要问题及其保健重点

阶段	定义	家庭问题	保健重点
1. 新婚期	结婚、妻子妊娠	性生活问题、计划生育问题、交流与沟通问题、适应新的社会关系	婚前健康检查、性生活指导、计划生育指导、心理咨询
2. 有婴幼儿	最大孩子介于0至30个月	父母角色的适应、经济压力问题、照顾幼儿的压力、母亲健康问题	母乳喂养、哺乳期性指导、新生儿喂养、预防接种、婴幼儿营养与发育
3. 有学龄前儿童	最大孩子介于30个月至6岁	儿童身心发育问题、孩子上幼儿园问题	合理营养、监测和促进生长发育、疾病防治、形成良好的习惯、防止意外事故
4. 有学龄儿童	最大孩子介于6至13岁	儿童身心发展问题、离家上学问题、适应学校环境问题	除"有学龄前儿童"的保健内容外，还应引导正确应对学习压力，合理进行社会化
5. 有青少年	最大孩子介于13岁至离家	学习问题、性问题、异性交往和恋爱	防止意外事故、健康生活指导、青春期教育和性教育、防止早婚和早恋
6. 有孩子离家创业	最大孩子离家至最小孩子离家	父母开始有孤独感、更年期问题、疾病开始增多、重新适应婚姻关系、照顾高龄父母	心理咨询、消除孤独感、定期体检、更年期保健
7. 空巢期	父母独处至退休	重新适应二人生活、计划退休后的生活、疾病问题	防止药物成瘾、意外事故防范、定期体检、改变不健康生活方式
8. 老年期	退休至死亡	适应退休生活、经济收入下降、生活依赖性增强、面临老年病、衰老、丧偶、死亡	慢性病防治、孤独心理照顾、提高生活自理能力、提高社会生活能力、丧偶期照顾、临终关怀

（六）家庭危机与家庭资源

1. 家庭危机　家庭对生活压力事件的认知程度及应对压力事件的家庭资源的多寡，决定家庭成员对家庭压力事件的适应能力。家庭危机事件包括：

（1）意外事件引发的危机：患病、生活环境改变等。

（2）家庭发展所伴随的危机：退休、失业等。

（3）与照顾老者有关的危机：家庭成员患病、经济状况变化等。

（4）家庭结构本身造成的危机：丧偶、离婚、家庭矛盾、新成员的加入等。

2. 家庭资源　面对家庭压力，家庭必须有效地运用家庭资源来解决。家庭资源包括家庭内部资源和家庭外部资源。

（1）家庭内部资源包括：财力支持、精神支持、医疗处置、爱、咨询或教育、结构的支持等。

（2）家庭外部资源包括：社会、文化、宗教、经济资源、教育、环境和医疗资源等。

若家庭资源充足，家庭成员在家庭危机中可恢复到平衡状态，若家庭资源不足或缺乏，则家庭易陷入危机。

二、家庭与健康的关系

（一）家庭对个人健康的影响

1. 对遗传的影响。

2. 对儿童生长发育及社会化的影响。

3. 对疾病传播的影响（母婴：肝炎、AIDS）。

4. 对成人发病和死亡的影响（生活压力事件）。

5. 对疾病的治疗与康复的影响。

（二）健康家庭应具备的条件

1. 良好的交流氛围。

2. 能增进家庭成员的发展。

3. 能积极面对矛盾及解决问题。

4. 有健康的居住环境及生活方式。

5. 与社会保持联系。

第 2 节　家庭健康评估

一、评 估 内 容

（一）定义

家庭健康护理评估是为确定家庭存在的健康问题而收集主观和客观资料的过程，为进行有针对性援助提供可靠依据。包括了解家庭结构和功能，分析家庭与个人健康状况，掌握和了解健康问题的真正来源等方面。

（二）评估内容

家庭健康评估内容主要包括以下几个方面：家庭及其成员基本材料的收集、对家庭结构及功能的评估、对家庭发展阶段的判断、对家庭资源的了解、对家庭压力及危机的评估以及解决问题的方式和方法等方面的资料，为确定家庭现存或潜在问题提供依据。

评估内容详见表 3-3。

表 3-3　家庭健康护理评估的内容

评估项目	评估具体内容
家庭一般资料	①家庭结构和家庭地址；②家庭成员职业；③家庭成员健康状况；④家庭健康管理状况；⑤家庭成员生活习惯；⑥家庭经济；⑦住宅环境；⑧社区环境；⑨家庭文化背景、宗教信仰、社会阶层
家庭中患病成员的状况	①疾病的种类和日常生活受影响的程度；②愈后状况的推测；③日常生活能力；④家庭角色履行情况；⑤疾病带来的经济负担
家庭发展阶段与家庭发展任务	家庭目前的发展阶段、目前的发展任务及家庭履行发展任务的情况
家庭结构	①家庭成员间的关系；②沟通与交流；③原有角色和变化后角色；④家庭权力分配；⑤家庭与社会的交流；⑥价值观与信仰
家庭功能	①家庭成员间的情感；②培养子女社会化的情况；③家庭的自我保健行动
家庭与社会的关系	家庭与亲属、社区和社会的关系，家庭利用社会资源的能力
家庭应对和处理问题及危机的能力与方法；家庭的适应能力和解决问题的能力	①家庭成员对健康问题的认识；②家庭成员间情绪上的变化；③家庭战胜疾病的决心；④应对健康问题的方式；⑤生活调整；⑥对家庭成员健康状况的影响；⑦经济影响

二、评 估 工 具

家庭关怀度指数（APGAR）：反映个别家庭成员对家庭功能的主观满意度。

家族谱：利用家系图谱来描述家庭结构、医疗史、疾病有无遗传等。

家庭圈：反映患者主观上对家庭的看法及家庭关系网络。主观看法一般只代表当前的认识，随时间变化而变化。

McMaster 家庭评估模型：用于有功能障碍家庭的整体性评估。评估内容包括：家庭应该是解决问题的有效单位；家庭分配角色任务，各自去做自己应做的事；家庭成员必须考虑相互间的个性发展需要；家庭必须有能力适当地控制其成员的行为。

家庭结构图：是提供整个家庭的构成及结构、健康问题、家庭人口学信息、家庭生活事件、社会问题和信息的图示。

家庭社会关系标志：是表示家庭成员、各成员间的关系和关系程度、健康状况、社会问题的标志。

（考点：家庭健康评估的评估内容和工具）

三、家庭健康护理评估的注意事项

1. 从家庭成员中获得有价值的资料，正确地分析资料并作出判断。
2. 认识家庭的多样性。
3. 避免主观判断。
4. 随时收集资料和修改计划。
5. 充分利用其他医务工作者收集的资料。

第 3 节　家庭护理概述

一、家庭护理的概念

（一）家庭护理

家庭护理是对患者、机体功能受损或丧失者，能够在他们居住的环境中，为其提供多种专科的健康照顾和护理。是以家庭为服务对象，以家庭理论为指导思想，以护理程序为工作方法，护士与家庭共同参与，确保家庭健康的一系列护理活动。

（二）家庭护理工作特点

家庭护理是以家庭作为社区的一个护理单位，以个案管理的方式为患者提供在其居住环境中的护理服务。家庭护理的服务不仅局限在技术性的护理措施上，还包含三级预防性的保健工作。

（三）家庭护理目标

1. 根据患者的病情需要及个体需求，提供全面、连续的家庭护理服务。
2. 尽量发挥患者的主观能动性和自理能力，鼓励患者以积极的态度对待疾病。
3. 提高社区护理的健康教育和具体指导，促使患者及其家属积极参与治疗与护理活动。
4. 通过社区护理的途径，提高患者生活质量，尽可能使其回归社会。

（四）家庭护理的原则

1. 与家庭成员建立人际关系　维持基本礼仪，明确说出方式、目的，尊重个人价值观。
2. 提供有关医疗协助。
3. 协助家庭成员进行相应的心理和社会适应。
4. 协助家庭成员获得有利于健康的环境和生活。

5. 协助家庭合理运用资源。

二、家庭护理的作用

（一）家庭对人体健康起着重要作用

健康的家庭是社会安定的必要条件，是维护人体健康的重要环境。人生 2/3 以上的时间是在家庭中度过的，家庭的许多问题都直接或间接地影响到健康，家庭结构的破坏、家庭功能的丧失、家庭关系的失调等都会对健康产生重要的影响。

（二）健康观念的变化

随着人类文明程度及生活水平的不断提高，人们对健康概念的认识和健康保健要求发生了明显的变化，不再满足于吃饱和无病症，而是追求饮食文化和健康长寿。医院内的疾病治疗和护理已不能满足人们对健康保健的需求，医院外的健康教育、健康咨询及健康保健就成为必然。

（三）计划生育和社会老龄化

随着计划生育政策的深入实施，独生子女比例加大，核心家庭将面临一个子女照顾多个患者健康的问题。人口老龄化的发展使老年护理及老年慢性病的护理需求增加，这些需求又不可能在医院完全得到满足，故迫切需要发展家庭护理，以减轻病员家庭的经济和劳务负担。

（四）残疾人的护理问题

在 2017 年全国两会上，据全国残疾人基本服务状况和需求调查，全国有 1300 多万持证残疾人和残疾儿童需要康复服务。能提供康复服务的，除了综合医院康复科、大型康复机构、社区康复机构外，还包括居家康复服务机构。

（五）疾病谱的改变

过去曾严重危害人类健康的急、慢性传染病已退居次要地位，而与人类行为和生活方式及社会心理因素有关的一些非传染性疾病（如心血管疾病、脑血管疾病、恶性肿瘤、意外事故等）则成为人类的主要死亡原因。要使人们改变不良行为和生活方式，仅靠医院的力量是远远不够的，需通过社区广泛的健康教育促进人们改变不良行为和生活方式，以增进健康。

三、家庭护理的内容

提供护理知识、技术和护理咨询，积极主动地与患者交流；制订家庭护理计划，并请患者家属给予配合；为患者提供常规的基础护理及技术操作；加强心理护理，促进护理对象疾病的转归；积极适时地进行家庭干预，促进患者的康复；健康教育应成为家庭护理的主要服务，以促进家庭系统及其成员达到最佳的健康状态。

第 4 节　家庭护理的形式

案例 3-2　家庭 1　某产妇，产后 7 天，足月顺产，婴儿出生体重 2600g，体温正常。

家庭 2　患者，女，1940 年出生，患糖尿病 9 年合并视神经损害，双目失明 5 年，单身。由市医保付医疗费。

家庭 3　患者，男，1945 年出生，患高血压 10 年并发脑卒中，右侧肢体偏瘫 1 年，家有儿子、儿媳和孙子。医疗费用自付。

问题：以上 3 个案例如何确定访视优先顺序？

一、家庭访视

（一）家庭访视的概念

家庭访视是指社区卫生服务人员深入到服务对象家中，为了促进和维持个体和家庭的健康，在服务对象家里进行访视，并提供护理服务活动的方式。

（二）家庭访视的目的

社区护理人员应用护理专业知识和技术，为社区居民提供优质良好的家庭服务，尽量帮助解决现存的健康问题，预防和发现潜在影响健康的问题，预防疾病，促进健康。家庭访视是家庭护理得以实现的前提条件，是全科医生和社区护士主动服务于个人和家庭的重要途径。只有通过家访才能了解客观、真实的家庭背景资料，找到问题的原因，才能发现真正的患者，开展有针对性的家庭护理、健康教育、保健指导等服务，为在家的患者和残疾人提供合理有效的照顾。其具体表现在以下五个方面：

1. 建立有效的支持系统，鼓励家庭充分利用各种健康资源。
2. 为居家的病、伤、残者提供各种必要的保健和护理服务。
3. 促进家庭成员的正常生长发育，并提供有关健康促进和疾病预防的健康知识。
4. 充分发挥家庭功能，促进家庭成员之间的相互关心和理解。
5. 消除家庭环境中的不安全因素、致病因素，确保家庭环境的健康。

（三）家庭访视的工作内容

1. 建立家庭健康档案。
2. 家庭评估——判断家庭存在的问题。
3. 健康知识的普及教育——进行家庭成员的健康管理。
4. 孕/产妇、儿童、老年人保健——指导营造安全且卫生的家庭环境。
5. 居家病人的护理——对患病者和身体衰弱者进行护理。
6. 提供如何利用各种社会健康福利资源的咨询指导。

（四）家庭访视种类

1. 预防性家访　预防疾病，促进健康，如妇幼保健、计划免疫等。

2. 评估性家访　对照顾对象的家庭评估，如对有家庭危机或心理问题及老、弱、残的家庭环境的调查等。

3. 连续性家访　定期进行，如慢性病或康复期的患者及临终患者等。

4. 急诊性家访　临时问题或紧急情况家庭，如外伤、家庭暴力等。

（五）家庭访视的原则

先群体后个人，先急性后慢性，先传染病后非传染病，先重症后轻症，先危急、弱势家庭后普通家庭。

（六）家庭访视程序

1. 准备阶段

（1）确定访视对象：核对地址、联系电话等，致电患者/受访者或家属约定访视时间。阅读健康档案，确定对象优先顺序。首先解决有严重健康问题的家庭和有时间限制的家庭；其次解决易产生后遗症和不能充分利用卫生资源的家庭。还可根据访视对象的安全情况、希望访视的时间、社区护士交通情况和支持内容等选择。

（2）访视的目的：在家访前，必须把访视的目的、目标先确定后再制定实际访视中的具体程序。

（3）访视物品的准备：依访视对象准备物品（基本访视物品：体检用具、消毒物品、外科器械、隔离用物、注射用具等，也可利用家中的物品）。

（4）访视路线的安排：基本同家庭访视原则。一般个案在核实访视时间、地址、路径后，依交通路线安排，以节约时间。

2. 家庭访视阶段　按护理程序进行，先做家庭成员个别评估，再做家庭评估，最后实施护理措施，具体如下。

（1）评估：个人、家庭和环境情况，家庭成员健康知识水平，资源利用状况，掌握上次访视后的变化情况和目前存在的健康问题。

访视应收集的资料：家庭基本资料；护理病历；周期性检查记录；小儿预防接种计划表；转诊、住院记录；家庭护理病历及相关资料；各种治疗记录；用药情况记录；健康教育记录。

（2）计划：与服务对象共同商讨，制订可实施的家庭护理计划。

（3）实施：讲解知识，演示操作技术，注意倾听。

（4）预约下次访视时间。

3. 访视后工作

（1）消毒及物品的补充。

（2）记录和总结访视情况。

（3）修改护理计划。

（4）与其他社区护理人员交流访视对象的情况，如个案讨论、汇报等。

（考点：家庭访视过程）

（七）家庭访视的注意事项

一是初次上门最好由居委会或村委会带领；二是准备工作要到位；三是医务人员的仪表、谈吐要得体；四是注意入户时间要合适；五是把握好询问的深度；六是及时发现协合点，肯定对方，对卧床的患者要做简单的检查；七是适时转移话题，结束访视，并在访视结束前了解患者的期望是否已经得到满足。

（八）家庭访视中注意自我保护

1. 访视前电话联系，问清地址，说明目的、时间长短。
2. 穿着制服，带上身份证、工作证、零钱。
3. 避免去偏僻的场所或要求其他医护人员陪同。
4. 如在家中看到一些不安全的因素可立即离开。

二、居家护理

（一）居家护理的概念

居家护理就是在有医嘱的前提下，社区护士直接到患者家中，应用护理程序，向社区中有疾病的个人（即出院后的患者，或长期疗养的慢性病患者、残障人、精神病患者）、正常人或者是整个家庭提供连续、系统的基本医疗护理服务。护理服务既可以是专业人员提供的专业服务，也可以是非专业人员提供的日常生活服务。

（二）居家护理的目的

1. 为患者提供持续性医疗护理，使其出院后仍能得到全面照顾。

2. 降低出院患者再住院率及急诊的求诊频率。

3. 减少患者家属往返奔波医院之苦。

4. 减少家庭经济负担。

5. 扩展护理专业领域，促进护理专业发展。

6. 缩短患者住院日，增加病床利用率。

（三）居家护理的形式

1. 社区卫生服务中心　在政府领导、社区参与、上级卫生机构指导下，以基层卫生机构为主体、全科医师为骨干，合理使用卫生资源和适宜技术，以人的健康为中心，以家庭为单位，以社区为范围，以需求为导向，以妇女、儿童、老年人、慢性病患者、残疾人为重点，以解决社区主要卫生问题、满足基本医疗卫生服务需求为目的，融预防、医疗、保健、康复、健康教育和计划生育技术服务等为一体的，有效的、经济的、方便的、综合的、连续的基层卫生服务。

2. 家庭病床　一般在综合医院负责的地段建立，门诊或病房住院患者经医师判断确定建立家庭病床；本人到特定医院申请，医师到家中评估后，经医保部门审批，办理登记手续，其费用由基本医保承担。或设置在社区卫生服务机构的家庭病床，由服务对象承担费用或部分医保，部分自己承担。

3. 家庭护理服务中心　是国外一些发达国家的主要健康服务形式，是对有需要照顾的居民提供入户护理服务的专门机构。工作人员包括医师、社区护士、护理员和家政服务员、康复医师、心理咨询医师、营养师、管理人员等。患者或家属到服务中心申请后，服务中心派社区护士到申请者家中访视、评估护理级别。其费用由社会财团、医院或民间组织等设置，经费独立核算，来源于护理保险机构，少部分由服务对象承担。

（四）各类型患者居家护理重点

1. 慢性病和出院后需要恢复患者　预防和减少身体残疾发生，维持机体或器官功能。

2. 临终患者　控制疼痛，提高生命质量。

3. 残疾人　生活自理。

（五）居家护理评价种类

1. 随时评价　每次进行居家护理时评价。内容：测量日常护理活动和功能。

2. 定期随访性评价　每隔 1～2 个月全面评价。内容：主观、客观资料。

3. 年度总结性评价　每年一次回顾性总结评价。内容：患者病情的总结性评价；身心的全面回顾与总结；其他情况的总结性评价。

（六）居室环境要求

1. 安静　安静的环境使人能得到充分休息，有利于疾病的康复。陪护人员要做到四轻：说话轻、走路轻、操作轻、开门关门轻。

2. 整洁　居室内床、桌、椅应排列整齐；床铺采用湿式清扫（用半干小毛巾）；照护对象的排泄物与废弃物及时清除。

3. 温度和湿度　备室温计了解室内温度，及时进行调节。居室内的温度一般为 18～22℃，老年人的居室温度为 22～24℃。居室内湿度以 50%～60% 为宜，湿度过低，空气干燥，会引起咽痛、口干，可在地上洒水，挂上湿毛巾。湿度过高，会感到闷热难受，可根据情况开窗通风。

4. 通风 使室内空气与外界空气进行交换，从而保持空气的新鲜。通风时间根据通风条件、居室面积大小、室内外温差而定，一般通风时间为30分钟。开窗通风时，对老弱病残者需添加衣服，并应避免对流风。

5. 采光和照明 室内光线应充足，使人感觉舒适、明亮；但夜间尽量开地灯与小灯，这样既不影响人入睡，又不影响必要的看护。尽可能让照护对象与日光直接接触，若情况允许，可陪照护对象去室外活动，但应避免阳光直接照射患者的眼睛，以免引起目眩。

（七）居家护理安全预防

1. 物理性损伤及防范 物理性损伤主要包括机械性损伤、温度性损伤、压力性损伤。

（1）常见的机械性损伤有跌倒、撞伤等。

预防措施：对意识不清、躁动不安者及婴幼儿可用床栏保护，必要时可用约束带适当约束；对年老体弱、行动不便或长期卧床初次下床活动者应注意搀扶，防止跌倒；室内地面注意保持干燥、整洁，物品放置稳妥；通道等进出口处应避免堆放杂物，防止发生撞伤、跌倒；常用的物品应放在容易拿取处。

（2）常见的温度性损伤有热水袋、热水瓶所致的烫伤，煤气、乙醇等易燃物品所致的烧伤；室内加热器所致的灼伤；用冰袋所致的冻伤等。

预防措施：在使用热、冷时应按规范要求做，注意观察局部皮肤情况，鼓励照护对象及时反映不适；热水瓶放稳妥安全处；易燃物品妥善保管。

（3）压力性损伤：长期卧床者骨突部位长期受压发生压疮。

预防措施：加强长期卧床者的皮肤护理，要做到勤观察、勤翻身、勤按摩、勤更换、勤整理。

2. 化学性损伤及防范 应用各种化学性药物时，由于药物剂量过大或浓度过高、用药次数过多，用法错误均可引起化学性损伤。

预防措施：要掌握正确的服用剂量、服用时间及用药方法。

3. 生物性损伤及防范 生物性损伤包括微生物及昆虫所造成的伤害。各种病原微生物侵入人体易致感染，甚至威胁到生命。昆虫叮咬不仅可严重影响睡眠和休息，还可导致过敏性伤害和疾病传播。

预防措施：勤洗手、做好个人卫生、被服及时更换、被絮日光下曝晒、感冒时注意防护等。

4. 心理性损伤及防范 心理性损伤是由于精神上受到打击，遇到不愉快而引起。对心理有不良影响的因素有疾病、与周围人的情感交流不良、周围人的态度与行为不当等。

预防措施：护理人员应注意自己的言行，防止不良信息的传递。应以高质量的护理取得对方的信任，为其解除心理痛苦。发现自杀倾向应及时联系家属，并加强看护。

（八）居家护理内容

1. 晨间护理 每日清晨应给照护对象进行晨间护理，达到皮肤和口腔的卫生，促进血液循环，使其感觉舒适，且可防治并发症。

晨间护理包括清洁口腔、洗脸、洗手、梳头、翻身擦洗等，必要时用50%红花油按摩骨突处等部位、整理床铺等。

2. 晚间护理 一般在晚饭后进行，以营造一个安静、舒适的睡眠环境。

晚间护理包括给照护对象漱口、洗脸、洗手、洗脚，整理床铺，必要时增加毛毯或盖被。

3. 为患者进行个人卫生护理 通过清洁卫生工作可清除致病微生物和污垢，预防并发症，使照护对象感到舒适、愉快，促进康复。

护理人员应熟练掌握各种清洁卫生护理技能。要根据照护对象的不同年龄、病情及需要不同，给予援助、指导、帮助，满足照护对象身心需要。

自测题

一、选择题

A_1/A_2 型题

1. 家庭功能不包括（　　）
   A. 情感功能　　B. 社区功能
   C. 健康照顾功能　　D. 经济功能
2. 家庭护理评估方法中哪一项是社区护士了解家庭基本情况的最佳工具（　　）
   A. 家庭结构图　　B. 家庭亲密度
   C. 社会支持度　　D. 家庭适应度和凝聚度
3. 根据优先访问的原则，访视对象应排在首位的是（　　）
   A. 老年糖尿病患者　　B. 新生儿
   C. 独居老人　　D. 传染病患者
4. 指出家庭访视中错误的地方（　　）
   A. 为了围绕访视目的进行家访，事前应准备好要观察的项目
   B. 访视前进行了电话联络，并与被访视者预约了访视时间
   C. 由于被访视者不让进入家中，站在门口交谈也能收集到需要的资料
   D. 如果被访视者不愿意接受访视，可以以测量血压和脉搏为理由与被访视者建立信赖关系
5. 下列哪项不属于家庭护理服务中心的服务对象（　　）
   A. 长期慢性病患者
   B. 生活不能自理者
   C. 需要护理处置或基础护理者
   D. 急性病患者

二、填空题

居家护理包括三种形式：________、________和__________。

三、简答题

1. 简述家庭访视的概念。
2. 简述家庭访视的类型。

（刘　岚）

第4章 社区重点人群的保健与护理

第1节　社区儿童的保健与护理

> **案例 4-1**　李娟，26岁，3天前顺产一子，母子一切正常，今早准备出院回家。该社区护士计划今天下午去李娟家进行家庭访视。
>
> **问题：** 1. 社区护士在去之前应做哪些方面的准备？
>
> 2. 社区护士在新生儿家中应重点观察哪些项目？
>
> 3. 社区护士应为新生儿的家庭做哪些常见问题的预防性指导？

一、概　　述

（一）概念

社区儿童保健是社区卫生服务的重要组成部分。社区儿童保健是指社区卫生保健服务人员根据儿童各年龄阶段的生长发育特点，为满足其健康需求，解决健康问题所提供的整体、连续、系统化的健康管理。

（二）服务对象及阶段划分

社区儿童保健的主要服务对象是0～6岁儿童，重点是0～3岁儿童。根据儿童不同年龄阶段的生理、心理特点，一般将儿童期划分为5个阶段。

1. 新生儿期　自胎儿娩出、脐带结扎至出生后满28天。
2. 婴儿期　自出生至满1周岁。
3. 幼儿期　自1周岁至满3周岁。
4. 学龄前期　自3周岁至6～7岁入小学前。
5. 学龄期　自入小学（6～7岁）至青春期（12～14岁）前。

（考点：儿童期的阶段划分）

（三）基本任务

社区儿童保健的基本任务包括对儿童及家庭的健康教育、保健指导、心理咨询、体格检查、生长发育检测、计划免疫、常见病防治等，并通过培养家长和儿童的自我保健意识与能力，促进和保证儿童的健康成长。

二、各年龄阶段儿童保健与护理

（一）新生儿期保健与护理

1. 新生儿期的生理特点

（1）新生儿各系统发育不完善，生理调节和适应能力较差，发病率和死亡率高，尤其在出生7天内。

（2）新生儿体温调节中枢发育不成熟，易受环境温度影响，如低温损伤。

（3）新生儿胃呈水平位，其贲门松弛，幽门张力高，易发生溢奶。

（4）新生儿肝脏功能尚不健全，出生后 2～3 天出现不同程度的黄疸。

（5）新生儿出生后 3～4 天会出现生理性体重降低，属于正常现象，一般不超过 10%，出生后 10 天左右恢复正常。

2．新生儿保健与护理

（1）新生儿家庭访视

1）访视次数：一般访视 3～4 次。顺产新生儿应在产后 3 天、7 天、14 天和 28 天访视；剖宫产新生儿应在产后 7 天、14 天和 28 天访视。低体重、早产、双 / 多胎或有出生缺陷的新生儿应增加访视次数。

2）访视内容

初访：在出院回家后 1～2 天。了解新生儿出生前、出生时和出生后的主要情况，包括分娩方式、有无窒息、出生时身长和体重、是否接种卡介苗和乙肝疫苗等情况；观察新生儿一般情况，包括面色、哭声、吃奶、大小便等；对新生儿进行全身检查，特别注意有无黄疸、脐带有无出血感染等；鼓励和支持母乳喂养、按需喂养；教会家长护理新生儿的方法，如定时开窗通风换气、注意皮肤清洁、保护臀部、防止脐部感染等，普及科学育儿知识。记录并预约下次访视时间。

周访：了解新生儿喂养、护理中存在的问题并给予相应的指导；观察新生儿脐带是否脱落；检查新生儿臀部皮肤；记录、预约下次访视时间。

半月访：检查黄疸情况；了解新生儿体重，对于体重较轻者分析原因，予以指导；检查新生儿听力；指导新生儿补充维生素 D，预防佝偻病；记录、预约下次访视时间。

满月访：测量体重，对增长不足 0.5kg 者寻找原因，予以纠正。进行全身健康检查；预约预防接种的日期；记录新生儿的健康状况，做访视小结。

（考点：新生儿家庭访视的次数及内容）

（2）新生儿期保健

1）新生儿喂养指导

A．母乳喂养指导：鼓励和支持母乳喂养，鼓励早吸吮、早开奶、按需哺乳、排空乳房。哺乳时母亲一般采用坐位，一只胳膊抱着新生儿使其呈斜坐位于胸前，母亲将拇指和其余四指分别放于乳房上下方、托起整个乳房，将乳头触及新生儿口唇，待其张大口时将乳头完全送入口中，使其将乳头及乳晕的大部分吸入口中。哺乳后应竖抱小儿，轻拍其背部，使其打嗝，再取右侧卧位，防止溢乳。如因其他原因不能喂养，则需定时将奶挤出或吸出，以免影响乳汁的再分泌。

B．人工喂养指导：指导家属选择合适的奶嘴和奶瓶，冲调奶粉前进行奶瓶、奶嘴的煮沸消毒（煮沸 5 分钟），喂养量、次数及奶粉冲调浓度可参考奶粉包装说明，并根据小儿的情况按需喂养，奶粉冲调温度适宜，可将调制好的奶汁滴于前臂掌侧下端测试温度，避免烫伤小儿，奶粉应现配现用，防止小儿喝变质奶，鼓励家长给小儿多饮水，饮水时间与喂奶时间间隔半小时以上。

C．混合喂养指导：每次喂奶先让小儿吸吮母乳，待两侧乳汁吸尽后，再按需补充其他乳品。一般每日母乳喂养次数不可少于 3～4 次。

2）新生儿皮肤护理

A. 臀部皮肤护理：及时更换尿布，保持臀部皮肤清洁、干燥；排便后用温开水洗净臀部，并涂护臀膏。

B. 脐带护理：每次沐浴后用无菌干棉签蘸干脐窝里的水及分泌物，再用无菌棉签蘸 75% 乙醇溶液消毒脐带残端、脐轮和脐窝，直至脐带脱落、分泌物消失，保持局部清洁、干燥。

C. 新生儿沐浴：新生儿应每日沐浴，保持皮肤清洁，沐浴时室温保持在 26～28℃，水温调节在 39～41℃，沐浴时间控制在 10～20 分钟，切勿在小儿空腹或者喂奶后 1 个小时内进行。

3）环境及保暖：新生儿房间应安静，阳光充足，温湿度适宜，温度 22～24℃，湿度以 55%～65% 为宜，每日定时开窗通风换气，新生儿的衣服、包被和尿布尽量选择柔软、吸汗性好、浅色的棉质制品，不宜包裹太紧，在哺乳、更换尿布、洗澡时应避免受凉。

4）新生儿抚触：帮助宝宝做抚触，可以促进宝宝神经系统的发育，加快免疫系统的完善，提高免疫力，加快新生儿对食物的吸收。婴儿抚触的顺序：头部—胸部—腹部—上肢—下肢—背部—臀部。婴儿抚触具体操作方法参照《儿科护理》相关章节。

5）新生儿早期教育：新生儿的视、听、触觉已初步发展，已具备接受外界刺激的基础，社区护士可指导母亲通过哺乳、怀抱、抚触、用发声的玩具等来刺激其视觉及听觉，培养新生儿的定向力及反应能力，促进其神经、心理和智力发育，也可以促进母子间的情感交流。

（3）新生儿期常见健康问题的预防与护理

1）啼哭：婴儿通过哭声表达自己的感受。如果婴儿的哭声突然、剧烈、声音尖锐或不明原因的哭泣不止，应及时查找原因，原因不明时立即就诊。

2）窒息：指导母亲正确哺乳，要尽量避免母亲卧位哺乳或者母亲一边哺乳一边睡觉，防止乳房堵塞婴儿口、鼻；哺乳后将婴儿竖立、轻拍背部以排尽胃内空气，并右侧卧位，防止溢乳误吸；婴儿床上不要堆叠衣服、玩具等以防窒息；每次哺乳结束及时将围嘴去掉，防止围嘴翻转堵塞口鼻；尽量保证小儿单独睡觉，不与家长同床，防止翻身或者被子压迫小儿，引起窒息。

3）感染：新生儿免疫力低下，易发生感染，应尽量避免外来人员接触，特别是避免新生儿接触患有呼吸系统感染、消化道感染、皮肤病或其他传染病者；家长在接触新生儿前应脱掉外套，洗手、洗脸及漱口；家属感冒时应戴口罩；婴儿用具应专用，应及时消毒；家中应及时通风换气；按时接种疫苗；避免家中养小动物，防止交叉感染。

4）预防佝偻病：出生 2 周后应遵医嘱口服维生素 D。

5）意外伤害：注意奶、水、沐浴的温度，防止烫伤；经常检查小儿的手指、脚趾，防止被袜子、手或者被子的丝线缠绕，导致组织坏死；隔离犬、猫等小动物，以防咬伤。

（考点：新生儿常见健康问题的预防及护理）

（二）婴儿期保健与护理

1. 婴儿期的生理特点

（1）婴儿期是儿童出生后生长发育的第一个高峰期，对营养需求很高，但是消化吸收功能发育尚不完善，如果喂养不当，易患营养素缺乏性疾病。

（2）自主运动发育很快，逐渐能爬、站、握持、行走，但是平衡能力较差，且识别危险事物的能力不足，容易出现意外。

（3）感知觉相继出现并不断发展，有初步的记忆能力和明显的注意力，开始了最初的语言表达活动。

2. 婴儿期保健与护理

（1）生长发育监测及健康管理：通过定期健康检查，可获得婴儿生长发育状况，能够早期发现异常，及早采取措施。健康体检的时间是42天、3个月、6个月、9个月、12个月。健康检查内容包括体格评估、生长发育和心理行为发育评估及常见病的筛查等。在6～8个月进行一次血常规检查，在6个月、12个月分别进行一次听力筛查，以便早期发现异常，早期治疗、矫正。

（2）合理营养与喂养：4个月以内婴儿提倡纯母乳喂养，随着婴儿的成长，及时添加辅食。辅食添加应循序渐进，从一种到多种，从少量到多量，由稀到稠，由细到粗，制作应细、烂、软、多样化，保证婴儿均衡营养。建议：4～6个月添加米糊、蛋黄、鱼泥、水果泥等；7～9个月添加稀粥、饼干、烂面、肉泥、肝泥等；10～12个月添加稠粥、挂面、软饭、馒头、碎肉、碎菜等；同时保证母乳或者牛奶的充分摄入。

（考点：婴儿期辅食添加的顺序）

（3）完成基础计划免疫：婴儿期是计划免疫实施的重要时期，要督促、指导、配合家长完成基础计划免疫，预防急性传染病的发生。

（4）体格锻炼：指导家长循序渐进地给婴儿做被动操和主动操，多做户外运动，如进行空气、日光、水“三浴”锻炼，以增强体质，提高对外界环境的适应能力和抗病能力。户外活动时间每次5～10分钟，以后逐渐延长到1～2小时，夏季户外活动时间以10:00以前、15:00以后为宜，避免阳光直射面部。为婴儿多提供活动的机会，并做好安全保证。

（5）早期教育

1）试听能力训练：对3个月以内的婴儿，可以在婴儿床周围布置颜色鲜艳、能发出声音、能转动的玩具，吸引婴儿注意；经常与婴儿说话、唱歌。3～6个月婴儿需要进一步完善视、听觉，可以选择各种颜色、形状、发声的玩具，吸引婴儿听、看、摸。对6～12个月的婴儿应培养其稍长时间的注意力。

2）动作发展训练：指导家长协助婴儿2～3个月练习抬头，3～6个月练习抓握能力，4～5个月练习翻身，6～7个月练习坐立，8～9个月练习爬行，10～12个月可鼓励婴儿学习走路。

3）语言发展的训练：指导家长逗引婴儿“咿呀”学语，到8～9个月开始引导婴儿模仿发音，如“爸爸”“妈妈”等。

3. 婴儿期常见健康问题的预防与护理

（1）婴儿湿疹：是婴儿常见的皮肤问题，常发生于1～2个月的婴儿，也可发生在5～6个月，在2岁左右可以痊愈。主要表现为皮肤潮红、斑片，伴有针头大小丘疹、疱疹，有淡黄色浆液渗出，破溃干燥后结成黄痂，病情时轻时重。发病原因较复杂，目前认为可能与皮肤对外界的过敏反应有关，如湿、热、冷、日光、微生物、毛织品、药物、肥皂、空气尘埃等。预防措施：

（2）婴儿期最常见的四种疾病是腹泻、肺炎、营养性缺铁性贫血和维生素D缺乏性佝偻病，加强“四病”的早期预防，通过加强营养、加强体格锻炼、培养良好的卫生习惯、加强护理等，增强体质，提高防病能力。

（考点：婴儿期常见的四种疾病）

（3）由于婴儿运动能力逐渐增强，常用触觉和味觉探索周围环境，容易发生跌倒和坠落伤、气管异物、灼烫伤、中毒等意外事故。社区护士应指导家长了解婴幼儿常见的疾病和意外伤害及其原因，创设安全的生活环境，提供必要的保护措施，预防疾病和意外伤害的发生。

（三）幼儿期保健与护理

1．幼儿期生理特点　幼儿期生长发育较婴儿稍慢，但在语言、动作、心理方面能力增强，自主性和独立性不断发展，对危险事物的识别能力差，故感染性和传染性疾病发病率及意外伤害发生率仍较高。在正确的教养下，可培养幼儿坚强的性格和意志，培养良好的生活习惯。此期幼儿从家居生活逐步过渡到托幼机构的集体生活，因此，对所在辖区托幼机构的保健人员应进行培训和指导，以满足幼儿健康需求。

2．幼儿期保健与护理

（1）合理安排膳食：幼儿生长发育较快，应注意供给足够的能量和优质蛋白。每日应摄入 300～500ml 乳类。饮食安排应遵循三餐两点制，注意膳食品种多样化，提倡自然食品、均衡膳食。在 2～2.5 岁以前，幼儿的乳牙未出齐，咀嚼和消化能力较弱，食物应以细、软、烂为主，避免吃油炸食品，少吃快餐，少喝碳酸饮料和含糖饮料。培养良好的进食习惯，鼓励自用餐具，养成不吃零食、不挑食、不偏食等习惯。

（2）活动与运动：让幼儿多进行户外活动，以增强体质，提高对外界环境的适应能力和抗病能力。

（3）日常生活习惯

1）睡眠习惯：培养幼儿良好的睡眠习惯，包括睡眠的姿势、定时独立睡眠、睡眠时嘴中不含物品等。

2）饮食习惯：培养幼儿良好的饮食习惯，包括训练幼儿吃东西细嚼慢咽、自主进食、不边吃边玩，能独立、专心进餐等。

3）卫生习惯：培养幼儿良好的卫生习惯，包括饭前便后要洗手，外出回家后洗手、饭后漱口等。

4）生活习惯：培养幼儿良好的生活习惯，包括发展其独立性和自主性，如逐步学会穿衣、脱衣和收拾玩具。

（4）早期教育：社区护士可以指导家长按月龄生长发育的特征，结合儿童的实际能力进行动作训练，如画画、撕纸、捡物品等游戏活动可发展幼儿的精细动作。幼儿期是语言形成的关键时期，为幼儿营造良好的语言交流氛围，在玩耍中鼓励幼儿主动与他人接触并建立友好的情感，以提高其社会适应能力，同时注意礼貌用语的使用，及时纠正错误发音，但切记过于频繁纠正发音或讥笑，否则会引起幼儿心理紧张甚至口吃。

（5）定期进行生长发育检测、健康检查和预防接种。

3．幼儿期常见健康问题的预防与护理

（1）违拗与发脾气：随着幼儿独立性和自我控制能力的增强，可能会出现极端的反抗行为和大发脾气，社区护士应指导家长正确理解和尊重幼儿，正确处理孩子的行为，不应强迫幼儿，应避免其自我伤害，事后家长应安抚幼儿。

（2）预防意外：由于幼儿运动能力逐渐增强，常用触觉和味觉探索周围环境，容易发生跌倒和坠落伤、外伤、气管异物、灼烫伤、中毒、溺水等意外事故。

1）预防跌倒、坠落伤、外伤：小儿居室、活动室要有安全设施，睡床要有安全护栏，床栏的高度以小儿不能跨越为宜，窗口、楼梯、阳台应设护栏；锐利物品如剪刀家长应妥善安放；禁止孩子玩易燃易爆物品，如打火机、炮竹等；热水瓶、热水杯、热的食物应放在小儿接触不到的地方；家里应使用安全型电源插座，防止小儿用手指抠摸，充电器不用时应拔掉，防止小儿触摸、嘴咬，以免触电；应指导家长管理好宠物，预防毒虫咬伤及宠物咬伤。

2）预防窒息：将小儿活动范围内的小物品收好，如纽扣、电子、硬币、小零件等；小儿慎吃坚果、豆类、果冻等食品；孩子进食时不说笑、吵闹，走路时口中不含食物。

3）预防中毒：家长应妥善保管药品，特别是剧毒药、农药等，以防小儿吞服；切生、熟食的菜板应分开，以防熟食被不洁的生食污染；不吃变质的食品，特别是剩菜剩饭。

4）预防溺水：不可让小儿单独留在澡盆内或者使用中的洗衣机旁；严禁孩子单独玩水、游泳；家里的储水桶或者缸应封口，防止小儿翻越其中，引起溺水。

（3）常见意外的院前急救

1）气管异物：当发现气管异物时，如果幼儿可以呼吸，家长应保持镇静，鼓励其用力咳嗽以争取将异物咳出。除非能看见异物，否则不要盲目用手指取异物。但是，气管、支气管异物自然咳出的机会仅为1%～4%，因此，对未咳出异物者应立即送往医院急救处理。在立即呼救当地紧急医疗服务帮助的同时或在送往医院的途中，对呼吸困难的小儿，应立即进行紧急救护。应重复拍背、手拳冲击、人工呼吸，直至取出异物，同时转送医院急诊，进行复苏后处理。

2）灼烫伤：指因接触热油、热水、热汤、热蒸汽等高温物质、腐蚀性化学物质或者放射线引起的皮肤和组织损伤。热液烫伤院前急救：应立即脱去被热液浸湿的衣物，然后将受伤部位浸入冷水中降温，如衣物与皮肤粘在一起，切勿撕拉，只需将未粘着部衣物剪去，也不要将水疱刺破，保护好创面，及早送医院治疗。强酸或强碱灼伤院前急救措施：应马上用大量冷清水冲洗至少20分钟。如果是生石灰烧伤皮肤，应先用手绢、毛巾擦净皮肤上的生石灰颗粒，再用大量清水冲洗。切忌先用水清洗，因为生石灰遇水会发生化学反应，产生大量热量灼伤皮肤。然后用清洁布品包好以保护创面，急送医院救治。

（四）学龄前期保健与护理

1．学龄前期生理特点

（1）此期小儿体格发育稳步增长，脑及神经系统发育持续并逐渐成熟，智能发育更趋完善，应重视想象力、思维力和探索力的发展。

（2）学龄前期儿童需要更多的营养，但小儿挑食、贪玩、乱吃零食、咀嚼不充分，因此，供给其生长发育所需的足够营养，帮助其建立良好的饮食习惯尤为重要。

2．学龄前期保健与护理

（1）合理安排膳食：此期儿童膳食可基本与成人相同，为保证个体成长需求，应提供各种优质蛋白和必需的氨基酸，饮食要多样化，荤素搭配、粗细粮交替，保证膳食平衡，避免油腻、辛辣、坚硬食物；经常调整菜谱，以促进食欲。每天可保持乳制品的摄入，进餐3次外加1次点心。

（2）教育

1）安全教育：此期儿童活泼好动、善于模仿，但由于机体发育尚不完善，动作协调性不好，很容易发生意外。因此，要适时对他们进行安全教育，如不要玩电器、触摸电源，要遵守交通规则等，预防意外事故的发生。

2）学前教育：采取多种形式，并结合游戏，从道德、意志、记忆、思维等方面开展教育，培养其自尊、自立、自强、自信、关爱集体、团结协作的品格，为入学打好基础。

（3）培养健康心理：家长应有意识地帮助孩子独立发展，树立自信心，应多表扬、多鼓励。尊重孩子的人格和自尊心，不可当众斥责孩子，以免伤害其自尊心。对孩子可能出现的心理行为问题家长应针对原因正确引导，如吸吮拇指、咬指甲、遗尿、攻击性和破坏性行为等。

（4）定期健康检查：为此期儿童每年提供一次健康管理服务，服务内容包括随访膳食、患病等情况，生长发育和心理行为发育评估，体格检查、血常规监测和视力筛查等。

（5）免疫接种：完成计划免疫，预防传染病。

3．学龄前期常见健康问题的预防及护理

（1）龋齿：日常生活中应注意促进儿童口腔卫生，预防龋齿的发生，应注意养成良好的口腔卫生习惯、控制食物中糖的摄入，选用含氟牙膏防龋、鼓励含钙丰富食物的摄入并补充维生素 D。另外，学龄前儿童应每年进行 1～2 次牙齿检查，以便早期发现龋齿，早期治疗。

（2）弱视：是儿童常见眼病，指眼球无器质性病变而矫正视力不能达到正常者。4 岁以前是治疗弱视的最好时机，如果错过治疗时机，失用眼的视力将永久丧失。儿童一般每半年进行一次视力检查，以便及时发现视力问题，进行矫正。另外，从新生儿期起，家长就应注意，儿童床周围放置的玩具和光源应定期变换位置，教育儿童在读、写、看电视时要注意用眼卫生，社区护士可在家庭访视时评估儿童桌椅的高度、室内光线、儿童阅读时的姿势，并根据具体情况进行指导，如纠正写字姿势、提供适宜的光线、避免长时间用眼等。

（3）小儿肥胖症：绝大多数属于单纯性肥胖，不伴有神经、内分泌及代谢性疾病。小儿单纯性肥胖指体重超过按身长计算的平均标准体重的 20%。肥胖不仅影响儿童的自尊心与活动，且成年后易导致与肥胖有关的疾病，如高血压、糖尿病、动脉硬化等。原因包括摄入过多高脂肪、高热量食物，活动过少，出生时体重超重，不良情绪等，因单纯性肥胖对儿童的生理和心理都会造成不良影响，应积极预防。纠正家长不正确的营养观念，鼓励儿童多到户外锻炼，培养儿童从小养成良好的饮食习惯，避免摄入过多油炸类和淀粉类食物、糖果、含糖类多的甜饮料等，坚持对小儿生长发育进行监测，早期发现体重增长过快的趋势，及时干预。同时，社区护士应指导家长忌用食品奖励或惩罚儿童。

（五）学龄期保健与护理

1．学龄期生理特点

（1）此期小儿体格发育仍稳步增长，乳牙依次换上恒牙，除生殖系统外，其他器官的发育已接近成人水平。

（2）学龄期小儿智能发育更为成熟，追求知识，勤奋学习，控制、理解、分析、综合等能力增强，但受挫时会产生自卑感。

（3）学龄期儿童的发病率进一步下降，但此期是肾病综合征、哮喘、过敏性紫癜、风湿热和类风湿病等的好发期，应有针对性地开展防病工作。

2．学龄期保健与护理

（1）营养与饮食：该期儿童基本上能够接受成人的饮食，但还应特别注意食物的质量和数量，选择富含优质蛋白质的食物，多选择奶制品、豆类和适量的鱼、瘦肉、蛋类，多食蔬菜、水果，以满足生长发育的需要；多食用富含钙的食物，加强运动，使骨骼的发育达到最佳状态；培养儿童不挑食和不偏食的好习惯，减少含糖饮料和零食的摄入，同时重视户外活动，避免肥胖。

（2）合理的生活制度和适宜的学习条件：学习是学龄期儿童最重要的任务之一，合理安排课内外学习和活动时间，保证充足的休息和睡眠，避免作业负担过重，注意劳逸结合，提高学习效率是这一时期的关键。学龄早期的儿童由于抽象思维能力的局限，在某些需要逻辑推理的科目上可能成绩不理想，父母不应该责罚儿童，应以鼓励为主。

（3）教育

1）德育与法制教育：由于其生理和心理发育特点使他们易受外界不健康因素的影响，易做出一些缺乏理智的事情。因此，要增强他们的法律意识，认识到遵纪守法的重要性，同时，培养他们助人为乐、积极向上的优良品德。

2）安全教育：学龄期儿童由于好奇心、好胜心强，喜欢探险、刺激，易发生车祸、溺水及运动外伤等意外损伤。因此，应对他们进行安全教育，训练其预防和处理意外事故的能力，教育他们互相友爱，遇到意外事故要共同克服困难。

3）健康教育：重视健康的生活方式和行为的培养，如眼卫生保健、口腔卫生保健及饮食卫生保健等健康教育，同时，应加强吸烟、吸毒等方面的警示教育，避免不良行为的发生。

（4）心理保健：成人对儿童的评价在儿童的心理发展上起着重大作用，家长或老师应多鼓励和支持儿童，增强其自信心，避免儿童产生消极和自卑的情绪。针对儿童发育过程中出现的不同心理特征，正面引导，培养他们良好的心理素质，让他们知道感恩、友爱、谦让，为他们成为一个心理健康的人奠定基础。

3．学龄期常见健康问题的预防与护理

（1）近视：已经成为此期儿童重要的健康问题之一。造成近视的原因有遗传、近距离用眼、照明光线过强或者过弱、看电视电脑方法不对、饮食因素等。预防近视的主要措施：正确的用眼习惯，读书写字姿势端正，一般眼与书本应保持1尺左右（30～35cm）的距离。阅读时间不宜过久，避免长时间看电子产品，不趴着、躺着、走着、乘车时看书；保证充足的睡眠和休息；摄取均衡的营养，尤其是富含维生素A的食物；每天坚持做眼保健操；注意用眼卫生；定期进行视力检查，每半年一次，及时发现问题、及时矫正。

（2）脊柱骨骼畸形：儿童期是骨骼发育的重要阶段，长时间弯腰、歪头、歪肩等会影响脊柱骨骼发育，造成畸形，故培养好的坐姿、站姿、走姿非常重要。

（3）性早熟：是指女孩在8周岁以前，男孩在9周岁以前出现第二性征，或女孩在10周岁以前出现月经。如今儿童性早熟发生率上升，社区护士应协助学校进行性健康教育，同时指导家长正确对待性早熟，避免对儿童心理造成不良影响。

三、计划免疫和预防接种

（一）概念

计划免疫是根据某些特定传染病的疫情监测和人群免疫状况分析，按照规定的免疫程序，有计划、有组织地利用疫苗进行免疫接种，以达到提高人群的免疫水平，预防、控制乃至最终消灭相应传染病的目的。

预防接种是指将人工制备的预防某种疾病的疫苗或抗体，通过适宜的途径注入机体，使机体获得该病的特异免疫力，以提高个体或者群体的免疫水平，从而预防和控制所针对疾病的发生和流行。

（二）计划免疫疫苗预防接种实施程序

各地区可根据流行地区、季节或者家长要求进行非计划免疫接种，如水痘疫苗、流感疫苗、腮腺炎疫苗等。

（三）预防接种禁忌证

1．有免疫缺陷、急性传染病接触史和处于急性传染病恢复期、心脏病、肾病、肝病、脑发育不全或有惊厥史者禁止接种。

2．经常患荨麻疹、喘息等过敏性疾病，严重营养不良与佝偻病者不宜接种。

3．感冒、发热、淋巴结肿大、肺炎、气管炎、皮炎、化脓性皮肤病、严重湿疹、慢性病活动期等情况应暂缓接种。

4．接种百白破混合制剂后出现严重的接种后反应，如发热、虚脱、休克、抽搐、体温超过40.5℃或其他神经系统症状后，下次停用百白破，只注射白喉及破伤风类毒素（二联制剂）。

5．最近曾注射多价免疫球蛋白者，6 周内不应接种麻疹疫苗。

6．腹泻者不宜服用小儿脊髓灰质炎疫苗，待腹泻停止后可补服。

（考点：儿童预防接种的禁忌证）

（四）预防接种的实施

1．建立儿童预防接种证、卡　按照接种者的居住地实行属地化管理。在小儿出生后 1 个月内，其监护人应在儿童居住地的接种单位为其办理预防接种证，没有及时办理预防接种证或接种证遗失者应及时补办。设有产科的医疗卫生单位有告知建立预防接种证、卡的义务，户籍在外地的 7 岁以下儿童寄居本地时间在 3 个月以上由寄居地的接种单位及时建立预防接种卡、证。

2．接种前准备工作

（1）确定接种对象：包括本次应种者、上次漏种者和流动人口等特殊人群中的未种者。应注意各种疫苗的第一次接种时间为最小免疫起始月龄，不能提前，接种的剂次间隔不能缩短，两种减毒活疫苗应至少间隔 4 周再接种，未按期接种者应及时补种，必须在规定的月龄内完成接种，基础免疫要求在 12 月龄内完成。

（2）通知儿童监护人：采取预约、通知单、电话、口头、广播通知等方式通知儿童家长或其监护人接种疫苗的时间、地点、种类，并告知家长或者监护人提前给儿童洗澡、换内衣，携带接种证按时到指定地点接种。

（3）领取疫苗：接种单位根据各种疫苗接种人数计算、领取疫苗并登记，做好疫苗的冷链管理。冷链管理是指疫苗从生产厂家到各级运输单位和基层接种点各个环节，都应配备冷藏、冷运设备，使疫苗始终都处于所需的低温环境，从而保证疫苗质量。

3．接种时的工作

（1）接种场所：环境宽敞、明亮、清洁、通风、保暖，按照登记、咨询、接种、记录、观察等进行功能的合理分区，准备好接种台、坐凳等与接种相关的物品，工作人员衣帽整洁，洗手、戴口罩。

（2）核实接种对象：应查验预防接种证、卡，确认接种对象、接种疫苗的种类，应告知监护人所接种疫苗的品种、作用、禁忌、不良反应及注意事项，了解接种者的健康状况、有无接种禁忌等，可以接种的，按实际记录询问和告知情况，对家长和儿童做好解释工作，取得合作，有接种禁忌的，应对监护人提出建议，并在接种卡、证上记录。

（3）接种：操作前再次核对，确认无误后给予接种，进行注射时严格执行无菌操作。

（4）接种记录、观察、预约：及时在预防接种证、卡上记录所接种疫苗的年、月、日及批号；接种者留在接种现场观察 30 分钟后无不良反应才能离开，出现异常反应应及时处理并报告；与监护人预约下次接种的种类、时间、地点。

4．接种后的工作　整理用物，处理剩余疫苗，记录疫苗的使用及废弃数量。剩余疫苗按照以下要求处理：①焚烧处理已经开启安瓿的疫苗；②将冷藏容器内未打开的疫苗做好标记，放冰箱保存，于有效期内在下次接种时优先使用；③清理、核对接种通知单和预防接种卡，确定需补种的人数和名单，下次接种前发通知；④统计本次接种情况和下次接种的疫苗需用计划，按规定上报。

（五）预防接种反应及处理

预防接种反应包括全身反应和注射局部反应，部分为良性生理反应，极少数表现为不良的甚至危及生命的严重反应。

1. 注射局部反应　部分儿童在接种后12～24小时注射局部会出现红肿、微痛，部分伴有瘙痒，持续2～3天可自行消退，个别反应重者局部红肿、疼痛明显。

处理：可在急性期给予热敷处理，保持清洁卫生，避免挠抓以免局部皮肤破损引起感染。新生儿接种卡介苗后，局部皮肤会形成小黄豆大小的冷脓疱，是正常反应，不能挤压、弄破、热敷，一般3～4周后会自行痊愈。

2. 全身反应

（1）一般反应：如发热，一般不超过38℃，可伴有恶心、呕吐、食欲下降、腹痛、腹泻、全身不适，少数婴幼儿出现散在红色小皮疹，可有轻微瘙痒、无渗出，症状多在接种后1～2天内出现，持续2～4天可自行消失。

处理：一般不需要特别处理，多喝水，饮食清淡，休息好即可。体温达38℃以上可物理降温，体温超过38.5℃时对症处理。

（2）异常严重反应：极少数儿童接种后出现晕厥、大量出汗、面色苍白、口周青紫、呼吸困难甚至休克，还有少数接种者体温可达40℃甚至抽搐。

处理：出现休克反应应立刻请医生抢救，平卧、吸氧、建立静脉通路，遵医嘱注射肾上腺素、地塞米松等；对于抽搐、痉挛、呼吸困难儿童应保持呼吸道通畅，吸氧，请医生救治。

3. 偶合反应　指在接种疫苗时，正处于一种疾病发病的潜伏期，接种后刚好发病，纯属巧合，与接种疫苗无关。

（六）预防接种注意事项

1. 接种疫苗前的准备　准备好预防接种证；接种前一天给小孩洗澡，保持接种部位清洁；换上干净、宽松的衣服，便于暴露接种部位；服糖丸、轮状病毒疫苗前30分钟避免喂奶、喂水，但是也应避免饥饿状态；尽量避免小儿在睡眠状态中接种疫苗。

2. 疫苗接种后注意事项　接种后观察30分钟无异常反应方可离开；服完糖丸、轮状病毒疫苗60分钟后再喂奶、喂水或其他热的食物；离开时给小儿穿好衣服，以免受凉；接种当天避免羊肉、鱼虾、海鲜等饮食；洗澡时不要搓洗接种部位，保持局部干燥，防止感染；接种当天尽量多喂水，2～3天内避免剧烈运动；接种后体温超过40℃或者48小时内哭闹不安超过3～4小时要及时看医生。

（考点：儿童预防接种的注意事项）

第2节　社区妇女的保健与护理

案例4-2　某孕妇，女，27岁，妊娠7周。自觉乏力，食欲差伴恶心、呕吐3天。

问题：1. 社区护士如何指导该孕妇做产前检查？

2. 社区护士如何对该孕妇进行健康指导？

一、概　　述

（一）概念

社区妇女保健是指以维护和促进妇女健康为目的，以预防为主，以保健为中心，以基层为重点，以社区妇女为对象，防治结合，开展以生殖健康为核心的妇女保健工作。其目的在于通过积极的普查、预防、保健及监护和治疗措施，开展以维护生殖健康为核心的贯穿女性青春期、围婚期、围生期和围绝经期的各项保健工作，降低孕产妇及围生儿死亡率，减少患病率和伤残率，控制某些疾病的发生和性传播疾病的发生，从而促进妇女身心健康。

（二）我国妇女保健的现状

目前，我国城市、农村及少数民族地区已逐步建立健全妇女保健机构，农村已基本形成了以县级妇幼保健机构为中心，以乡、村为基础的妇女保健网。为了提高妇女健康水平，我国颁布了一系列妇女保健的相关政策与法规，如《女职工保健工作规定》《中华人民共和国母婴保健法》《农村孕产妇系统保健管理办法》及《母婴健康素养 55 条》等。

二、社区妇女各期保健与护理

（一）围婚期保健

围婚期是指围绕结婚前后的一段时间，从确定婚姻对象到结婚后妊娠前为止的阶段。围婚期的保健正是针对这一时期提供相应的医疗保健、健康促进，主要包括婚前医学检查、婚前卫生指导和优生优育指导。

1．婚前医学检查　是对准备结婚的男女双方通过详细询问病史、全身体检、生殖器官检查、必要的辅助检查，以确定有无影响结婚和生育的疾病。

（1）询问健康史：了解双方的患病史、近亲婚配史、女方月经史、男方遗精史，尤其是与婚育密切相关的遗传性疾病、生殖器官感染性疾病、精神疾病、智力发育障碍等。

（2）体格检查：包括全身一般检查、第二性征及生殖器官检查。

（3）实验室检查：进行胸部 X 线、血细胞和尿液分析、肝功能、肝炎抗原抗体、阴道滴虫和真菌等检查，必要时做染色体、精液及性病等检查。

2．婚前卫生指导　是对准备结婚的男女双方进行以生殖健康为核心，与结婚、生育有关的保健知识的宣传教育。采取个别指导、咨询、发放宣传资料等形式进行。

（1）性卫生的保健指导：介绍男女生殖系统的解剖及生理，性生活的生理过程和性心理的基础指导，指导性生活卫生，正确对待性生活中可能出现的问题。

（2）避孕知识指导：需短期避孕者采用阴茎套或外用避孕药栓等，无禁忌证者可口服避孕药；需要长期避孕者，可选择放置宫内节育器等方式。

3．优生优育指导

（1）配偶的选择：近亲不结婚；择偶不仅要有感情和性爱的基础，而且还要有科学的态度与理智的思考，要考虑遗传、健康及其他因素对下一代的影响。

（2）适宜的年龄及受孕时机：女性最佳生育年龄为 25～29 岁，男性为 25～35 岁。选择在双方身体状况良好、经济状况平衡、工作或学习压力不大、未接触过对胎儿有害的物质的最佳时期。

（二）孕期保健

孕期保健的目的是保护孕妇在妊娠期能顺利地承担因妊娠而增加的生理和心理负担，保证胎儿正常生长发育。对妊娠应当做到早诊断、早检查、早保健，尽早发现妊娠合并症，及早干预，开展出生缺陷产前筛查和产前诊断。

1. 孕期健康管理

（1）建立保健手册：孕 12 周前由孕妇居住地的乡镇卫生院、社区卫生服务中心建立孕产妇保健手册。

（2）产前检查次数：产前检查应从确认妊娠开始，初次检查在孕 12 周之前，孕早期至少 1 次；孕 28 周以前每 4 周孕检 1 次，孕 29～36 周每两周孕检 1 次，孕 36 周以后每周孕检 1 次，若有异常，应酌情增加检查次数。

（考点：孕妇产前检查次数）

2. 孕期保健指导

（1）饮食指导：孕早期，饮食宜清淡；孕中期，胎儿生长发育迅速，孕妇膳食应增加优质蛋白的摄入，多食新鲜蔬菜、瓜果类富含维生素的食物。孕 16 周以后应每日摄入钙 1000mg，孕晚期增加至 1500mg。妊娠时应多补充含叶酸较多的食物。适当限制食盐的摄入量。

（2）衣着与个人卫生：孕妇衣着以宽松舒适为主，避免穿紧身衣裤，不宜穿高跟鞋。孕妇新陈代谢旺盛，容易出汗，所以应该勤沐浴，沐浴应采用淋浴，忌盆浴；勤换内裤，保持外阴清洁；孕妇由于激素的影响，牙龈易出血，所以社区护士应指导其保持口腔卫生，早晚刷牙，饭后漱口，预防牙周病。

（3）活动与休息：妊娠期可适当地进行运动，如散步等，但不宜进行剧烈的运动和重体力劳动。每天的睡眠时间保证在 8 小时左右，中午午休 1 小时，睡眠时应左侧卧位，以减轻子宫的右旋。

（4）乳房护理：在孕 7 个月以后，应该进行乳房护理，为分娩后正常哺乳做好准备。经常用清水擦洗乳房和乳头，既可以保持清洁，又增加乳头皮肤对摩擦的耐受力，防止皲裂。有乳头内陷者，应通过适当牵引予以矫正。

（5）性生活：妊娠前 3 个月及末 3 个月均应避免性生活，防止流产、早产及感染。妊娠中期应节制性生活，并采取合适的体位。

（6）用药指导：孕妇不得擅自用药，需要时应在医生指导下慎重选择、合理用药，以防造成胎儿畸形或者停止发育。

（7）孕期自我检测：孕妇在家自我监测胎心和数胎动是了解胎儿在子宫内安危的重要手段，也是简便易行的方法。孕 18～20 周，孕妇可以感觉到胎儿在子宫内的活动，正常每小时 3～5 次。嘱孕妇早、中、晚，每次 1 小时，将每次的胎动相加乘以 4，就是 12 小时的胎动，12 小时不应低于 10 次，若低于 10 次，提示胎儿宫内缺氧，应及时就诊。正常的胎心音在胎儿背部，在孕妇的腹壁听得最清楚，每天 1～2 次，每次听 1 分钟，正常胎心音 110～160 次 / 分，若小于 110 次 / 分，或大于 160 次 / 分，应及时就诊。

（8）适宜的胎教：可以促进胎儿宫内的良好发育，增进母儿感情，如倾听舒缓的音乐让胎儿安静、舒适，对胎儿交谈和抚摸可传递父母的关爱。

（9）心理指导：社区护士应了解孕期的心理反应，并根据孕期的心理需求，给予孕妇适当的支持与协助，使之心情舒畅。

（10）孕晚期指导：孕晚期应确定好分娩的医院，社区护士应教会孕妇识别分娩先兆，分娩前几天孕妇往往感觉食欲增加，呼吸较轻快，夜晚会偶尔感觉不规则的宫缩，但确定即将临产最可靠的征象是见红，即阴道出现少量的血性分泌，此时孕妇应准备好待产的东西前往医院待产。

3. 孕期常见健康问题的预防及护理

（1）早孕反应：部分妊娠期妇女会在孕早期出现头晕、乏力、嗜睡、喜食酸物，或晨起恶心、呕吐、食欲缺乏、偏食，称为早孕反应。社区护士应指导孕妇起床时动作缓慢，避免突然站立；多食新鲜蔬菜、水果，饮食清淡，避免油腻；少食多餐，避免空腹状态；保持心情愉悦。若妊娠反应特别严重，应及时就医。

（2）便秘：鼓励孕妇多吃新鲜蔬菜、水果等富含纤维素的食物；指导孕妇养成良好的排便习惯；增加饮水量；适当增加活动；如果需要，应在医生指导下使用粪便软化剂。

（3）小腿痉挛：孕妇体内钙、磷比例失调会导致小腿肌肉痉挛，常在夜间突然发作，多因下肢着凉或过度疲劳诱发。社区护士应指导孕妇增加食物中钙的摄入，避免腿部疲劳、受凉。在痉挛发作时，孕妇可背屈肢体，或站立前倾，或局部热敷按摩。

（4）贫血：孕妇易出现生理性贫血，孕妇在膳食中应增加含铁丰富的食物，如动物肝脏、血、瘦肉、蛋黄、豆类，对出现病理性贫血的孕妇应在医生指导下服用铁剂。

（5）水肿及下肢、外阴静脉曲张：孕妇在妊娠后期易发生下肢水肿，属正常现象，经休息后可消退。社区护士可指导孕妇尽量避免长时间站立，若出现凹陷性水肿或经休息后不能消退，应警惕合并其他疾病，需及时就医。可指导孕妇睡眠时采取左侧卧位，睡眠时抬高下肢，改善下肢血液循环。

（6）腰背痛：孕妇体内激素水平升高易导致韧带略松弛，随着子宫的增大，为保持重心平衡，孕妇腰椎向前突出，易致背部持续紧张，在妊娠中、晚期常见。社区护士可指导孕妇尽量穿平底鞋，尽量保持上身直立，避免长时间弯腰活动。若疼痛严重，应减少工作量，多卧床休息。

（三）产褥期保健

产褥期是指产妇分娩后生殖器官和机体逐步复原所需的时间，一般需要 6～8 周。

1. 产后家庭访视

（1）访视频率：第 1 次访视时间是在产妇出院后的 3～7 天；第 2 次在产后 14 天；第 3 次在产后 28 天，产后 42 天产妇应带着婴儿一起到医院做产后健康检查。如有异常情况，可酌情增加访视次数以便加强指导。

（2）访视内容：了解产妇和新生儿的健康状况，包括精神、睡眠、饮食及大小便等一般情况，子宫复旧情况及恶露的性质、量和持续的时间，乳房及哺乳的情况，会阴及腹部伤口的愈合情况等。鼓励母乳喂养。

（考点：产后家庭访视的时间及内容）

2. 产褥期保健指导

（1）日常生活保健：居室应空气流通，温湿度适宜，冬天应注意保暖，夏天应避免中暑；产后应给予营养丰富、易于消化的饮食，多喝汤类，可促进乳汁的分泌；产后应根据个人耐受程度逐步进行适当的活动，可促进子宫复旧、促进血液循环、增强肠蠕动、预防便秘，但应避免过于劳累，有出血或不适时立即停止，也可以选择产褥保健操，一般在产后第二天开始；产后保持外阴清洁，每日进行外阴清洗，预防感染，每天刷牙、漱口、洗脚、擦洗身体，勤换衣服。

（2）母乳喂养指导：具体参照新生儿保健相关内容。

（考点：母乳喂养的指导）

（3）性生活及避孕指导：产褥期应避免性生活。哺乳期进行性生活时应注意避孕，一般采用工具避孕法，不用避孕药。

（4）心理调适指导：产后诸多因素都有可能影响产妇的心理调适，如分娩的疼痛、育儿的劳累、母亲角色的适应、经济负担和产后照顾等。有的产妇精力充沛、兴奋、充满幸福感和满足感，而有的产妇表现出不同程度的焦虑、抑郁和悲观情绪等。针对有产后沮丧和抑郁的产妇，社区护士应做好心理疏导工作，采取相应的措施，减轻产妇的心理负担。

3．产褥期常见健康问题的预防及护理

（1）会阴切口感染：由于产后个人卫生问题、缺乏会阴护理知识，有些产妇可出现切口红、肿、热、痛及发热等感染现象，社区护士可指导其每日冲洗外阴，不宜坐浴，勤换卫生垫、保持会阴部清洁干燥。

（2）急性乳腺炎：乳腺炎多数是因为未排空乳汁、乳头感染所致。

预防：保持乳头和乳晕的清洁，养成按需哺乳习惯，避免乳汁淤积；保持婴儿口腔清洁，及时治疗婴儿口腔炎；摄入清淡富含营养的食物；睡觉时不要挤压乳房。

护理措施：炎症初期可继续哺乳，在哺乳前热敷乳房3～5分钟，并按摩乳房，先喂患侧乳房，注意吸空乳房；炎症期应停止哺乳，定时排空乳房，局部热敷、药物外敷或者理疗，促进炎症的消散，根据医嘱使用抗菌药物；脓肿形成期应根据医嘱做脓肿切开引流术，并做好护理。

（考点：产褥期乳腺炎的预防及护理）

（3）产后抑郁：指产妇生产之后由于性激素、社会角色及心理变化所带来的身体、情绪、心理等一系列变化。发生率为15%～30%。典型的产后抑郁症在产后6周内发生，持续整个产褥期，可在3～6个月自行恢复。产妇可表现为表情阴郁、无精打采、困倦、易流泪和哭泣，常感到心情压抑、郁闷，因小事大发脾气，对日常活动缺乏兴趣。社区护士应给产妇充足的产后保健和育儿信息支持，做好心理疏导，促进和帮助产妇适应目前角色，建立亲子依附关系，减少困惑及无助感，高度警惕产妇的伤害性行为，注意安全保护，严重者应及时就医予以治疗。

（四）围绝经期保健

围绝经期是指从绝经前一段时间，卵巢功能开始衰退，出现与绝经有关的内分泌、生物学改变及临床表现到绝经后12个月这段时期。该期妇女将发生一系列生理和心理改变，如泌尿生殖道变薄缩短、心血管系统易诱发动脉粥样硬化，出现月经紊乱、骨质疏松、体重增加、潮热、出汗等。心理常引起一系列情绪和精神状态的改变，易产生烦躁、焦虑、抑郁、悲观、失落、多疑、唠叨等不稳定情绪。为使妇女顺利度过绝经期，社区护士应对这一特殊时期进行保健指导。

1．围绝经期保健指导

（1）营养与饮食：平衡膳食，加强营养，多食用高蛋白、高维生素的饮食，减少脂肪的摄入，饮食应注意控制食盐的摄入，每天以不超过6g为宜，少吃甜食，注意补钙及多食用含铁丰富的食物。

（2）活动与休息：适当的体育锻炼可以促进血液循环，延缓器官衰老。社区护士应指导妇女增加家务劳动以外的体育锻炼，如慢跑、散步等。这一时期的妇女应注意避免过于劳累，保证充足的睡眠，以保持旺盛的精力。

（3）个人卫生及性生活指导：围绝经期的妇女由于雌激素水平下降，阴道的自我防御功能降低，容易发生阴道炎，应注意保持外阴清洁，预防炎症的发生。社区护士应从妇女个人的身心考虑，进行性知识教育，指导其保持正常的性生活，这有助于保持生殖器官的良好状态，由于此期卵巢功能还未完全衰退，仍可能有排卵，所以应注意避孕。

（4）心理保健：指导围绝经期妇女保持良好的心态，正确对待围绝经期，多接纳新事物，参与社会活动，保持乐观情绪。指导家人了解围绝经期女性内分泌改变带来的不适，谅解其消极情绪，避免发生冲突，提供精神心理支持，协助妇女顺利度过这一时期。

2. 围绝经期常见健康问题的预防及护理

（1）贫血：女性进入围绝经期后，内分泌激素的紊乱易引起子宫不规则出血，月经周期紊乱，长短不一，出血量多少不定，长期反复的出血容易引起贫血。社区护士应指导这些妇女在饮食上加强营养，注意补充高蛋白、富含铁和维生素 C 的食物，出血量多时应卧床休息，以免过度劳累。

（2）骨质疏松：围绝经期妇女雌激素水平降低，骨质吸收速度快于骨质生成速度，骨骼的钙质减少，容易产生骨质疏松，导致骨骼压缩、体格变小，严重者导致骨折。社区护士可指导其合理营养饮食，多进食含蛋白质、钙及各种维生素丰富的食物，如鱼、虾、牛奶、豆制品、蔬菜、坚果类等，并适当补充维生素；坚持户外活动，增加内源性维生素 D 的生成；戒烟限酒；必要时在医生指导下服用雌激素预防骨质疏松，并加强随访和指导。

第 3 节　社区老年人的保健与护理

案例 4-3　患者，女，72 岁，身高 160cm，体重 78kg。半年前由于脑梗死导致偏瘫，既往有高血压、糖尿病、高脂血症，平日食欲较好，食量较大，喜食油炸食品，不爱运动。

问题：1. 社区护士如何对该老年人进行安全指导？
2. 社区护士如何对该老年人进行饮食指导？

一、概　　述

衰老是人一生中必经的过程。随着社会的发展和经济水平、医疗水平的提高，人类的寿命普遍延长，伴随而来的人口老龄化成为全世界共同关注的问题。人口老龄化使得社会经济、医疗护理服务等负担加重，有效地进行社区老年人的保健和护理，提高老年人自我保健能力，延长老年人生活自理年限，提高生活质量，使其健康长寿，有助于减轻社会的负担，促进社会稳定和谐发展。

二、社区老年人的生理及心理特点

（一）老年人的生理特点

1. 感觉系统的变化　随着年龄的增长，视觉、味觉、听觉的功能也逐渐下降。嗅觉、触觉、痛觉、温度觉减弱迟钝。老年人中约 1/3 有不同程度的听力减退。

2. 消化系统的变化　由于牙龈萎缩，唾液腺、胃酸、胆汁、胰液等消化液分泌减少，老年人的食欲减退，消化能力减弱。此外结肠、直肠及肛门肌肉松弛，易发生便秘或排便失禁。

3. 皮肤变化　老年人皮肤皱纹最先见于前额，其次为眼角、鼻根部和鼻唇沟，眼睑、耳及下颏部皮肤下垂。皮肤松弛，表面失去光泽，可出现老年性色素斑。

4. 循环系统的变化　随着年龄的增长，心脏重量增加，心肌收缩力下降、心搏出量减少，心功能减退。血管壁弹性纤维减少，出现动脉粥样硬化，使动脉压升高、静脉压下降，发生直立性低血压。

5．呼吸系统的变化　老年人肺弹性降低，肺活量减少，残气量增多，清除气道分泌物的能力下降，易发生肺部感染和呼气性呼吸困难。

6．泌尿生殖系统的变化　膀胱肌肉收缩能力减弱、膀胱容量减少，使膀胱的排空能力下降，残余尿增加，尿路感染机会增加，导致女性易出现尿失禁现象。此外，老年女性的子宫、卵巢萎缩，阴道的湿润性、弹性及酸性降低，易导致感染，而老年男性多有不同程度的前列腺增生，易发生排尿困难。

7．肌肉骨骼系统的变化　椎间盘萎缩性变化，脊柱弯曲度增加，使个体的身高逐渐缩短；由于骨质疏松，骨脆性增加，易发生骨质疏松、骨软化及骨折；因为肌纤维逐渐萎缩、数量减少，强度下降，易产生疲劳。

8．神经系统的变化　脑神经细胞萎缩，数量减少，大脑体积减小，神经细胞和神经递质减少，易出现自主神经功能紊乱、记忆力减退、注意力不集中、对外界反应变慢、灵活性和协调性降低、不易躲避意外事件的伤害。

9．免疫系统　免疫器官逐渐萎缩，免疫细胞数量减少，抗体产生减少，免疫功能减退。

（二）老年人的心理特点

伴随着生理功能的减退，老年人的心理也会出现一系列的变化。老年人的记忆力出现明显减退，就智力而言，随着年龄的增长，获取新观念、洞察复杂关系的能力减退，而文化和经验的积累并不会减退，有的反而会有所提高。不同的社会角色、生活环境、文化素质、个性特点的老年人的情绪和意志行为会出现不同程度的改变，可以表现为渴望与家人亲近、邻里友好，但又怕拖累他人。不同的老年人表现为不同的人格。

三、社区老年人的日常生活保健

（一）居室环境

居住环境要安静、整洁、光线充足、温湿度适宜，冬季室温20～22℃、夏季24～26℃，地面平坦、防滑。

（二）个人卫生

老年人在日常生活中要注意保持皮肤的清洁、舒适，预防皮肤疾病。冬季每周沐浴1次，夏季则可每天温水洗浴。嘱老年人注意安全，勿反锁浴室门，避免空腹或饱餐后洗澡。建议沐浴时室温调节在24～26℃，水温则以40℃左右为宜，沐浴时间以10～15分钟为宜。

（三）饮食与营养

1．食物的选择　食物种类要多样化，营养丰富，注意“四个搭配”：荤素搭配，以素为主；粗细搭配，多吃粗粮；干稀搭配，混合食用；生熟搭配，适量生食。摄取食物做到“三高、一低、四少”：高蛋白质、高维生素、高纤维素；低脂肪；少盐、少油、少糖、少辛辣调味品。食物应易于消化吸收，温度要适宜，避免过烫过冷的食物。

2．饮食习惯　老年人饮食要少食多餐、定时定量，要避免暴饮暴食或过饥过饱，两餐之间可增加点心，水果宜在餐前1～3个小时或者餐后1个小时食用，晚餐不宜过饱，以免影响睡眠。

（考点：老年人饮食的选择原则）

（四）休息与活动

1. 休息与睡眠　休息可以使身体各部分放松，以恢复精力和体力，休息的方式有多种：闭目静坐、变换生活方式、睡眠、聊天等，而睡眠是最好的休息。老年人的睡眠时间随着年龄的增长而增加，但是由于许多疾病和生理因素的变化，老年人的睡眠常受到影响，睡眠质量下降，因此社区护士应在尊重老年人睡眠习惯基础上逐步调整其睡眠，顺应四季变化，养成良好的睡眠习惯，合理安排老年人日常生活，劳逸结合，减少浅睡眠时间，提高睡眠质量。

2. 活动与运动　老年人的活动基本原则如下。

（1）因人而异：运动时间以每日 1～2 次，每次 30 分钟为宜；运动强度的计算方法：一般老年人运动后最宜心率（次 / 分）＝170－年龄；身体强健的老年人可采用运动后最高心率（次 / 分）＝180－年龄。

（考点：老年人运动后适宜心率的计算）

（2）循序渐进，持之以恒。

（3）自我监护，确保安全：老年人可以选择散步、游泳、跳舞、太极拳等安全的活动。

（五）心理保健

社区护士应了解老年人心理变化，给予理解、支持和指导，帮助老年人科学地安排生活，积极参加社会活动，扩大社会交往，培养新兴趣，丰富老年生活。同时，帮助老年人正确面对退休、丧偶、慢性病等生活事件，积极应对，对能独立生活的老年人，应尊重其意愿，鼓励其做一些力所能及的事情，提高自理能力，增加成就感，促进心理健康。

（六）老年人安全用药

老年人由于生理功能减退，易发生药物的不良反应，因此老年人用药要遵循以下原则：

1. 针对疾病选择用药，可用可不用药物时，以不用为好，勿滥用药。
2. 尽量减少用药种类，注意配伍禁忌。
3. 适当的剂量，《中华人民共和国药典》规定 60 岁以上老年人的药物剂量为成年人的 3/4。
4. 选择合理的药物剂型，方案力求个体化。
5. 合理选择保健品，缺什么补什么，切勿乱用。
6. 密切观察药物的作用及不良反应。

（七）定期健康体检

定期的健康体检可以帮助老年人及早地发现疾病，及早地进行治疗。一般老年人每年体检 1～2 次。

四、老年人常见健康问题的预防

（一）跌倒

跌倒居我国伤害死亡发生的第四位，而在 65 岁以上老年人中则居首位。老年人跌倒后不良反应较多，如残疾、生活质量下降甚至死亡等，所以要有效地预防跌倒。

预防措施：

1. 指导老年人坚持规律的体育锻炼，增加平衡力、协调力训练。
2. 注意药物的不良反应，遵医嘱用药。
3. 居住环境安全，光线充足，周围不要堆放过多的杂物，地面平坦、防滑。
4. 老年人衣着合身，鞋子合脚，鞋底防滑。

5. 积极治疗原发病，如青光眼、白内障、高血压、糖尿病等。

护理措施：老年人跌倒后要及时检查，有损伤或骨折应及时治疗，要及时找出跌倒的原因并予以纠正，防止下次再跌倒。

（二）便秘

便秘是指正常排便困难，排便次数减少，排出的粪便过干、过硬，且排便不畅。长期便秘，对老年人健康可产生诸多影响，如诱发高血压、心脑血管意外等。故应积极预防老年人便秘，措施如下：

1. 重建排便习惯　每天固定排便时间，如起床后或早餐后；提供隐蔽的排便环境和充足的排便时间。

2. 活动指导　适当的活动和运动可以增强肠蠕动，促进排便，卧床者可在床上进行一些主动或者被动的活动，按顺时针方向进行腹部按摩。

3. 饮食指导　指导老年人多食用一些富含纤维素的食物，如果没有疾病限制，应多饮水，每天不少于2000ml，适当食用一些油脂类的食物。

4. 药物治疗　必要时使用开塞露，或者遵医嘱使用一些缓泻剂，还可以采用灌肠的方法，以上方法都无效时，可以手指取便。

5. 心理护理　指导便秘老年人放松情绪，解除焦虑，并告知维持正常排便习惯的意义和方法。

（三）空巢综合征

空巢综合征是指无子女或子女成人后由于某些原因离开家庭，老年人独守“空巢”而产生的心理失调症状。表现为精神空虚、无所事事，心情郁闷、悲观、社会交往少，有些老年人还会出现躯体症状如失眠、头痛、乏力、心慌等。针对此种情况，社区护士可采取如下措施：

1. 引导老年人正视“空巢”，提前做好计划和心理准备。

2. 培养兴趣爱好，增加个人的社会交往，建立新的生活规律和情感支持，以缓解孤独感。

3. 鼓励子女多关心父母，经常和老年人进行情感与思想的交流，给老年人精神上的慰藉。

4. 对已出现“空巢综合征”的老年人，应对症治疗，积极寻求心理医生帮助，必要时使用药物治疗。

自测题

选择题

A_1/A_2 型题

1. 关于添加辅食的年龄，下述不正确的是（　　）
   A. 软饭 10～12 个月
   B. 蛋黄 2～3 个月
   C. 水果汁 1～3 个月
   D. 稀粥 5～6 个月
   E. 肉糜 7～9 个月
2. 产前检查的初查时间为（　　）
   A. 孕 4 周之前　　B. 孕 6 周之前
   C. 孕 8 周之前　　D. 孕 10 周之前
   E. 孕 12 周之前
3. 关于产后家庭访视频率叙述错误的是（　　）
   A. 第一次访视时间是在产妇出院后的 3 天内
   B. 第二次访视时间是在产后 14 天
   C. 第三次访视时间是在产后 28 天
   D. 产后 42 天产妇应带着婴儿一起到医院做产后健康检查
   E. 如有异常情况，可酌情增加访视次数
4. 以下有关老年人生理特点的叙述错误的是

(　　)

A. 从 45 岁以后，每 10 年身高降低 1cm

B. 触觉、痛觉、温度觉减弱

C. 老年人对酸、甜、苦、辣等味觉的敏感性降低

D. 皮肤粗糙，弹性减退

E. 毛发逐渐变白脱落

5. 适合老年人的健身项目中不包括(　　)

A. 踢足球　　B. 慢跑

C. 太极拳　　D. 游泳

E. 散步

6. 婴幼儿常见的四种疾病不包括(　　)

A. 腹泻

B. 肺炎

C. 营养性缺铁性贫血

D. 维生素 D 缺乏性佝偻病

E. 癫痫

7. 患者，男，70 岁。其运动后的最佳心率是(　　)

A. 110 次 / 分　　B. 100 次 / 分

C. 106 次 / 分　　D. 102 次 / 分

E. 120 次 / 分

8. 合理营养的基础是(　　)

A. 平衡膳食　　B. 食物多样化

C. 粗细粮搭配　　D. 荤素搭配

E. 合理的烹调方式

9. 一般接种活菌疫苗后，需间隔几周后方可接种其他疫苗(　　)

A. 1 周　　B. 2 周

C. 3 周　　D. 4 周

E. 5 周

10. 围绝经期常见的生理健康问题是(　　)

A. 焦虑　　B. 失眠

C. 记忆力减退　　D. 抑郁

E. 骨质疏松症

11. 属于婚前卫生指导的内容是(　　)

A. 性知识教育

B. 培养良好的生活习惯

C. 介绍生殖系统解剖及性生理知识

D. 避免接触危险因子

E. 介绍产后的相关护理知识

12. 一般老年人的用药剂量是成年人剂量的(　　)

A. 1/2　　B. 1/3

C. 3/4　　D. 3/5

E. 1/4

13. 预防老年人跌倒的措施不包括(　　)

A. 地面平坦、光滑

B. 光线充足

C. 变换动作要慢

D. 积极治疗原发病

E. 适当地使用助行器

A_3/A_4 型题

(14～16 题共用题干)

李梅，于今日 8 : 35 顺产一男婴，体重 3.6kg。

14. 新生儿期是指小儿(　　)

A. 自胎儿娩出至出生后 28 天

B. 自胎儿娩出至出生后 30 天

C. 自胎儿娩出至出生后 42 天

D. 自胎儿娩出至出生后 48 天

E. 自胎儿娩出至出生后 60 天

15. 该男婴在新生儿时期应接种的疫苗是(　　)

A. 乙肝疫苗，乙脑疫苗

B. 麻疹疫苗，卡介苗

C. 卡介苗，乙肝疫苗

D. 百白破疫苗，脊髓灰质炎疫苗

E. 脊髓灰质炎疫苗，乙脑疫苗

16. 对该产妇进行健康教育说法错误的是(　　)

A. 应每日冲洗会阴部，保持会阴部清洁，预防感染

B. 多吃富含蛋白质的汤汁食物，同时补充维生素和铁剂

C. 产后尽早下床活动，以促进子宫和身体恢复

D. 因生产大量消耗体力，提倡产妇躺着给宝宝哺乳

E. 产褥期不可以有性生活

(郭姗姗)

第5章

社区慢性病的管理和护理

第1节 概　述

随着我国工业化、城镇化、人口老龄化进程不断加快，居民生活方式的改变等对健康的影响逐步显现，慢性病发病人数不断增多，群众慢性病疾病负担日益沉重。现我国确诊慢性病患者2.6亿人，慢性病导致的死亡已经占到我国总死亡的85%，导致的疾病负担已占总疾病负担的70%，是群众因病致贫返贫的重要原因，慢性病已成为重大的公共卫生问题和社会问题，值得引起人们的注意和重视。

一、慢性病的概念和特点

（一）慢性病的概念

慢性病又称慢性非传染性疾病，指一类起病隐匿、病程长，且病情迁延不愈、缺乏明确的传染性生物病因证据，病因复杂或病因尚未完全确认的疾病的概括性总称（《全国慢性病预防控制工作规范（试行）》）。一般的慢性病主要指心脑血管疾病、恶性肿瘤、慢性呼吸系统疾病及糖尿病。

（二）慢性病的特点

1. 病因复杂、潜伏期与病程长　大多数慢性病都是由多种因素联合作用所致，病因十分复杂，有些至今尚未清楚。慢性病的潜伏期和病程漫长，患者患病时间长，并发症多。

2. 发病期间的症状和体征不明显　绝大多数慢性病起病隐匿，发病早期缺乏典型的临床症状和体征，不容易被发现，起病具有一定的隐匿性。

3. 病理改变不可逆而不易治愈　慢性病是一个长期不可逆转的病理改变过程，其致残率和致死率高，一般只能治疗但不可治愈。

4. 需要长期治疗和护理　慢性病是一个长期的病理变化的过程，其治疗和护理也需要很长时间甚至患者终身要与疾病作斗争，长期的治疗和护理，给个人、家庭、社会都带来了沉重的负担。

5. 预防效果明显　在慢性病防治工作中，国家卫生部门针对总结慢性病的危险因素采取“三级预防”措施，可以有效降低慢性病的发生率和病残率。

（考点：慢性病的特点）

二、慢性病的分类

（一）按国际疾病系统分类法（ICD-10）分类

1. 精神行为障碍　老年痴呆、精神分裂、神经衰弱、神经症（焦虑、抑郁、强迫）。

2. 呼吸系统疾病　慢性支气管炎、肺气肿、慢性阻塞性肺疾病（COPD）。

3. 循环系统疾病　高血压、冠心病、脑血管疾病、心肌梗死、肺源性心脏病等。

4. 消化系统疾病　慢性胃炎、消化性溃疡、胰腺炎、胆石症、胆囊炎、脂肪肝、肝硬化。

5. 内分泌、营养代谢疾病　血脂异常、糖尿病、痛风、肥胖、营养缺乏。

6. 肌肉骨骼系统和结缔组织疾病　骨关节病、骨质疏松症等。

7. 恶性肿瘤　肺癌、肝癌、胃癌、食管癌、结肠癌、子宫癌、前列腺癌、白血病等。

（二）根据慢性病对患者影响程度分类

根据慢性病对患者影响程度的不同可将其分为三类：致命性慢性病、可能威胁生命的慢性病、非致命性慢性病。每类慢性病又按发病情况分为急发性和渐发性两种。

1. 致命性慢性病

（1）急发性：如急性血癌、胰腺癌、转移癌、肺癌、肝癌等。

（2）渐发性：如后天免疫不全综合征、骨髓衰竭等。

2. 可能威胁生命的慢性病

（1）急发性：如血友病、脑卒中、心肌梗死等。

（2）渐发性：如肺气肿、慢性酒精中毒、老年性痴呆等。

3. 非致命性慢性病

（1）急发性：如痛风、支气管哮喘、胆石症等。

（2）渐发性：如帕金森病、风湿性关节炎、慢性支气管炎、高血压等。

三、慢性病的高危因素

慢性病的种类很多，发生的原因也相当复杂。研究表明，慢性病的发生与不良的生活习惯及环境污染等密切相关，常见慢性病危险因素有以下几方面：

（一）不良生活习惯

1. 饮食因素　不合理饮食如高盐、高胆固醇、刺激性饮食及不良饮食习惯。

2. 运动因素　以车代步、运动量不足，易患高血脂、高血压、冠心病。

3. 吸烟　烟草燃烧后的某些化学成分有致癌作用，是恶性肿瘤、COPD、冠心病、脑卒中等慢性病的重要危险因素。

（二）自然和社会环境

自然环境中的空气污染、噪声污染、水源土壤污染等，都与癌症或肺部疾病的发生密切相关。社会环境中健全的社会组织、社会普及教育程度、医疗保健服务体系等都会影响人们的健康。

（三）个人的遗传及生物与家庭因素

家庭对个体健康行为和生活方式的影响较大，许多慢性病如高血压、糖尿病、乳腺癌、消化性溃疡、精神分裂症、动脉硬化性心脏病等都有家族倾向，可能与遗传因素或家庭共同的生活习惯有关。慢性病可以发生于任何年龄，大多数发生的比例与年龄成正比。由于年龄越大，机体器官功能老化越明显，发生慢性病的比率也越大，如高血压、冠心病、慢性支气管炎、关节炎等。

（四）精神心理因素

生活及工作压力会引起紧张、恐惧、失眠甚至精神失常。长期处于精神压力下，可使血压升高、心率加快、血中胆固醇增加，还会降低机体的免疫功能。

四、慢性病的防治策略与管理

（一）社区健康教育与健康促进的策略

1. 社区组织与动员

（1）实现行政干预

1）组建社区健康促进委员会：政府组织建立社区健康教育与健康促进决策机构，联合社区卫生医疗、文教、新闻、企事业及群众团体等各有关部门共同组建社区健康促进委员会，统筹社区健康教育与健康促进工作的开展。

2）实行双轨管理：指开展健康教育工作，一靠各级卫生行政部门的领导组织和业务指导；二靠各级政府部门的协调和干预。

3）制订规章制度和地方法规是行政干预的有效形式。

（2）建立健全组织网络：组织网络分为两种，第一，以健康教育专业机构和人员为骨干，以社区医疗部门为主体，充分利用城乡初级卫生保健体系，形成纵向网络。第二，动员社区各单位协同参加，形成社区健康教育与健康促进的横向网络。

（3）实施健康教育：通过有计划、有组织、有系统的社会教育活动，使人们自觉地采纳有益于健康的行为和生活方式，消除或减轻影响健康的危险因素，预防疾病，促进健康，提高生活质量，并对教育效果作出评价。健康教育的核心是教育人们树立健康意识，促使人们改变不健康的行为生活方式，形成良好的行为生活方式，以降低或消除影响健康的危险因素。

（4）促使人人参与：团结全国健康教育工作者，动员协调社会各界共同参与健康促进与健康教育，通过开展有关健康促进与教育的公益事业、组织经常性的学术活动，发展和推动我国的健康促进与健康教育事业，为提高全民族的健康素质贡献力量。

2. 开发利用社区资源　社区资源是指社区赖以生产和发展的物质和非物质资源。社区资源是开展社区健康教育与健康促进的能源和基础。除积极筹集资金，争取外援性技术、人力、经费、设施外，应以社区发展为动力，立足于挖掘社区内部的资源潜力。

（1）人力资源是指能为社区健康教育与健康促进提供志愿服务人员的数量和质量情况。

（2）财力资源是指能为社区健康教育与健康促进提供资金援助的数量情况。

（3）物力资源是指为社区提供实物和技术援助的资源情况。

（4）信息资源是指开展社区健康教育与健康促进所需要的健康信息。

3. 健康信息传播　传播作为一种信息过程，是社区健康教育与健康促进最基本的工作策略和干预方法。健康信息的传播是新信息（新观念、新知识、新的行为方式）在社区人群中被认识和被采纳的过程。

传播策略的选择原则：

（1）根据社区特点选择传播策略。

（2）根据目标人群的特征选择教育内容。

（3）根据目标人群特征设计健康信息。

4. 社会教育与培训

（1）社会教育系指学校教育以外的一切文化教育措施对社会人群的各种教育活动，是中国社区健康教育中普遍采用的一种干预策略。

（2）培训是社会教育的一种特殊形式，它是对健康教育专兼职人员进行系统培养与训练的过程。

（二）慢性病的三级预防

一级预防：心理、行为、环境、社会因素及生物因素中可控制的综合预防。

二级预防：早发现、早诊断、早治疗。

三级预防：预防并发症，推迟恶转时间，减少失能和伤残。

（三）社区综合防治与管理

2012 年卫生部统计数据显示，中国每年 1030 万例死亡中，慢性病所致占到 85%，医疗费用占整个疾病负担的 70%。2011 年世界银行估计，到 2030 年，仅由高血压、脑卒中、糖尿病和慢性阻塞性肺疾病（慢阻肺）所导致的慢性疾病负担就将超过 50%。由此可见，将在很短的时间内，中国人群疾病谱由传统的传染性疾病为主转为慢性非传染性疾病为主，这种爆发式增长的主要原因是一些不健康的生活方式，如吸烟、不合理膳食、少体力活动、酗酒等。由此可见社区进行综合防治和管理的重要性。

1. 改变传统的管理策略，加强以系统为基础的疾病管理。以疾病发展的自然过程为基础，对疾病发生发展的全过程进行综合管理，强调慢性病治疗与预防相结合，防治一体，多科协作；提倡早期预防，早发现、早治疗，降低医疗成本，提高卫生人员和医疗资源的使用效率。

2. 提供产业链的医疗服务。通过确定目标人群，以循证医学为基础，进行临床综合分析，协调保健服务，提供医疗支持。建立各部门的协作，形成医疗保险机构、社区卫生服务中心、社区卫生服务站、三级医院、疾病预防控制中心（centers for disease control，CDC）一体化的卫生保健服务体系，共享风险、共享收益和共享信息。

3. 建立信息系统，社区医疗系统引进电子病例（CPR）是社区医疗信息发展的重要标志，开始用于疾病防治、支持共享医疗、决策支持系统。

4. 全科医生充当第二级把关人，真正调动患者的信息流。建立初级医疗团队，每一个医务人员知道共享责任、信任和服务质量，理解各自的角色、责任和如何传递患者，每个人都有共同的目标，了解保健计划和如何提高质量、常规的会议和工作程序。

5. 提高责任医生疾病管理能力，家庭医生制对慢性病管理具有重要价值和独特的优势，家庭医生将是未来社区卫生服务的一个方向。家庭医生熟练掌握有关疾病的基本知识，对所辖人口开展健康教育，提高慢性病患者防病、就医意识，提高慢性病患者对多变环境的适应能力。

6. 进行患者筛选，将健康档案与社区常规的诊疗信息系统连接起来，开展持续性保健服务。确定患者个体危险，确定患者自我保健意识，预期达到的目标值，确定随访的频率、干预的方式和干预的强度。通过电话咨询方式获取患者病情信息如药名、药物依从性、剂量、服药反应、药物滥用、保健用药等。按照症状和体征，事先设计好表格，以病情的轻重缓急分类，制定疾病管理工作指南。

7. 进行医生的培训，贯彻临床指南的重要性，信息具有权威性，专家的集体论证达成一致的建议，患者管理的建议，澄清临床上有意义的争论问题。发展帮助临床实践的工具，技术操作规范，基层医生用的指南精简本。建立临床路径，临床路径是保障医疗质量、减低费用的重要措施。由医疗小组（医生、护士、边缘医学等多种职业人员）共同完成规范化的程序图，患者、家属和医务人员共同参与。

8. 提高患者的自我管理能力，包括患者对自己血压监测、评估的能力，患者对药物作用及副作用的简单了解，加强药物依从性的能力，掌握行为矫正的基本技能，选择食物、进行体育锻炼的能力，戒烟、戒酒、减重、压力管理的技能，寻求健康知识的能力，就医的能力，患者的自信心。

第 2 节　常见慢性病患者的社区管理与护理

慢性病一旦被确诊就很难治愈，患者就要与疾病作终身的斗争。目前中国慢性病患者已经超过了 2 亿人，接近中国总人口的 20%。仅恶性肿瘤、脑血管病、心脏病三项慢性病死亡人数就已占到了中国目前因病死亡人数的 63.40%。这些慢性病会造成疼痛、伤残及昂贵的医疗费用，对个人、家庭、社会的影响都很大。良好的医疗条件和社区的管理及个人的积极参与都有利于疾病的治疗和控制。以社区卫生服务中心为主体，对社区常见慢性病患者实施规范的管理和护理，可以有效促进患者康复，延缓或避免并发症的发生。

案例 5-1　患者，男，58 岁。因小事与同事发生争吵时突然倒地，不省人事，后被即刻送往医院急诊。医生诊断为急性脑出血。护理体检：体温 37.2℃，心率 100 次 / 分，血压 180/110mmHg，浅昏迷，双侧瞳孔 2mm，右侧鼻唇沟变浅，口角歪向左侧，右侧肢体瘫痪。头部 CT 检查示左基底核区有一高密度影。

问题：1. 你认为患者此次发病的危险因素有哪些？

2. 社区护士应如何为患者进行随访管理？

3. 通过社区管理如何降低本病的发生率？

一、高血压患者的社区管理与护理

（一）高血压概述

高血压是指以体循环动脉血压［收缩压和（或）舒张压］增高为主要特征［收缩压≥140mmHg 和（或）舒张压≥90mmHg］，可伴有心、脑、肾等器官的功能或器质性损害的临床综合征。高血压是常见的慢性病，也是心脑血管病最主要的危险因素。正常人的血压随内外环境变化在一定范围内波动。在整体人群，血压水平随年龄逐渐升高，以收缩压更为明显，但 50 岁后舒张压呈现下降趋势，脉压也随之加大。

高血压疾病具有“三高三低一复杂”的特点：“三高”——高患病率、高致残率、高死亡率；“三低”——低知晓率、低控制率、低治愈率，“一复杂”——发病机制复杂。

1. 高血压的危险因素

（1）高钠、低钾膳食：人群中，钠盐（氯化钠）摄入量与血压水平和高血压患病率呈正相关，而钾盐摄入量与血压水平呈负相关。膳食钠 / 钾值与血压的相关性更强。

（2）超重和肥胖：身体脂肪含量与血压水平呈正相关。人群中体重指数（BMI）与血压水平呈正相关，BMI 每增加 3kg/m^2，4 年内发生高血压的风险，男性增加 50%，女性增加 57%。我国 24 万成人随访资料的汇总分析显示，BMI≥24kg/m^2 者发生高血压的风险是体重正常者的 3～4 倍。身体脂肪的分布与高血压发生也有关。腹部脂肪聚集越多，血压水平就越高。腰围男性≥90cm 或女性≥85cm，发生高血压的风险是腰围正常者的 4 倍以上。

（3）饮酒过量：饮酒也是高血压发病的危险因素，人群高血压患病率随饮酒量增加而升高。虽然少量饮酒后短时间内血压会有所下降，但长期少量饮酒可使血压轻度升高；过量饮酒则使血压明显升高。在我国饮酒的人数众多，部分男性高血压患者有长期饮酒嗜好和饮烈性酒的习惯，应重视长期过量饮酒对血压和高血压发生的影响。饮酒还会降低降压治疗的疗效，而过量饮酒可诱发急性脑出血或心肌梗死。

（4）精神紧张：长期精神过度紧张也是高血压发病的危险因素，长期从事高度精神紧张工作的人群高血压患病率增加。

（5）其他危险因素：高血压发病的其他危险因素包括年龄、高血压家族史、缺乏体力活动等［《中国高血压防治指南》（第三版）（2010 年修订版）］。

2. 临床表现　高血压的症状因人而异。早期可能无症状或症状不明显，仅仅会在劳累、精神紧张、情绪波动后发生血压升高，并在休息后恢复正常。随着病程延长，血压明显持续升高，逐渐会出现各种症状，此时被称为缓进型高血压。缓进型高血压常见的临床症状有头痛、头晕、注意力不集中、记忆力减退、肢体麻木、夜尿增多、心悸、胸闷、乏力等。当血压突然升高到一定程度时甚至会出现剧烈头痛、呕吐、心悸、眩晕等症状，严重时会发生神志不清、抽搐。这就属于急进型高血压和高血压危重症，多会在短期内发生严重的心、脑、肾等器官的损害和病变，如脑卒中、心肌梗死、肾衰竭等。症状与血压升高的水平并无一致的关系。

3. 诊断标准　成年人血压持续或非同日 3 次测得收缩压≥140mmHg 和（或）舒张压≥90mmHg，则为高血压。收缩压≥140mmHg 而舒张压＜90mmHg 为单纯性收缩期高血压；患者既往有高血压史，目前正在服用抗高血压药，血压虽然低于 140/90mmHg，亦应该诊断为高血压。临床根据病因不同高血压可分为原发性高血压和继发性高血压。目前我国血压水平的定义和分类见表 5-1。若患者的收缩压与舒张压分属不同的级别时，则以较高的分级为准。单纯性收缩期高血压也可按照收缩压水平分为 1、2、3 级。

表 5-1　中国高血压分类标准

分级	收缩压（mmHg）		舒张压（mmHg）
正常血压	＜120	和	＜80
正常高值	120～139	和（或）	80～89
高血压	≥140	和（或）	≥90
1 级高血压（轻度）	140～159	和（或）	90～99
2 级高血压（中度）	160～179	和（或）	100～109
3 级高血压（重度）	≥180	和（或）	≥110
单纯性收缩期高血压	≥140	和	＜90

（二）高血压的社区管理

1. 筛查

（1）对辖区内 35 岁及以上常住居民，每年为其免费测量一次血压（非同日 3 次测量）。

（2）对第一次发现收缩压≥140mmHg 和（或）舒张压≥90mmHg 的居民在去除可能引起血压升高的因素后预约其复查，非同日 3 次测量血压均高于正常，可初步诊断为高血压。建议转诊到有条件的上级医院确诊并取得治疗方案，2 周内随访转诊结果，对已确诊的原发性高血压患者纳入高血压患者健康管理。对可疑继发性高血压患者，及时转诊。

（3）如有以下六项指标中的任一项高危因素，建议每半年至少测量 1 次血压，并接受医务人员的生活方式指导：

1）血压高值［收缩压 130～139mmHg 和（或）舒张压 85～89mmHg］。

2）超重或肥胖和（或）腹型肥胖

超重：28kg/m^2>BMI≥24kg/m^2；肥胖：BMI≥28kg/m^2。

腰围：男≥90cm（2.7尺），女≥85cm（2.6尺）为腹型肥胖。

3）高血压家族史（一、二级亲属）。

4）长期膳食高盐。

5）长期过量饮酒（每日饮白酒≥100ml）。

6）年龄≥55岁。

2. 随访评估　对原发性高血压患者，每年要提供至少4次面对面的随访。

（1）测量血压并评估是否存在危急情况，如出现收缩压≥180mmHg和（或）舒张压≥110mmHg；意识改变、剧烈头痛或头晕、恶心呕吐、视物模糊、眼痛、心悸、胸闷、喘憋不能平卧及处于妊娠期或哺乳期同时血压高于正常等危急情况之一，或存在不能处理的其他疾病时，须在处理后紧急转诊。对于紧急转诊者，乡镇卫生院、村卫生室、社区卫生服务中心（站）应在2周内主动随访转诊情况。

（2）若不需要紧急转诊，询问上次随访到此次随访期间的症状。

（3）测量体重、心率，计算体重指数（BMI）。

（4）询问患者疾病情况和生活方式，包括心脑血管疾病、糖尿病、吸烟、饮酒、运动、摄盐情况等。

（5）了解患者服药情况。

3. 分类干预

（1）对血压控制满意（一般高血压患者血压降至140/90mmHg以下；≥65岁老年高血压患者的血压降至150/90mmHg以下，如果能耐受，可进一步降至140/90mmHg以下；一般糖尿病或慢性肾病患者的血压目标可以在140/90mmHg基础上再适当降低）、无药物不良反应、无新发并发症或原有并发症无加重的患者，预约下一次随访时间。

（2）对第一次出现血压控制不满意，或出现药物不良反应的患者，结合其服药依从性，必要时增加现用药物剂量、更换或增加不同类的降压药物，2周内随访。

（3）对连续两次出现血压控制不满意或药物不良反应难以控制以及出现新的并发症或原有并发症加重的患者，建议其转诊到上级医院，2周内主动随访转诊情况。

（4）对所有患者进行有针对性的健康教育，与患者一起制定生活方式改进目标并在下一次随访时评估进展。告诉患者出现哪些异常时应立即就诊。

4. 健康体检　对原发性高血压患者，每年进行一次较全面的健康检查，可与随访相结合。内容包括体温、脉搏、呼吸、血压、身高、体重、腰围、皮肤、浅表淋巴结、心脏、肺部、腹部等常规体格检查，并对口腔、视力、听力和运动功能等进行判断。

（三）高血压患者的社区护理

高血压的社区护理包括心理护理、饮食起居护理、运动健身指导、坚持合理用药及健康教育。

1. 心理护理　大多数高血压患者存在着不同程度的情绪激动和焦虑或郁闷，有些患者虽然无并发症，但生活质量明显下降。护理人员应根据患者的年龄、文化程度和个体特征，进行针对性的耐心细致的心理护理，向患者讲解高血压的特点，帮助患者正确对待疾病，保持乐观的情绪及平静的心境。提倡患者选择适合自己的体育、娱乐等文化生活，积极参加社交活动，向别人倾诉心中的困惑，得到同龄人的理解，促使其减轻精神压力，保持心理平衡，提高应激能力，避免突然的情绪激动，造成血管收缩，使血压升高。

2. 饮食起居护理　高血压患者饮食宜低盐、低脂、低糖、少荤多素、少吃高胆固醇食物，多吃新鲜蔬菜、水果及杂粮类食物，注意补充钾和钙，每日钠盐量不超过 6g，戒烟限酒。

（考点：高血压患者的饮食）

3. 运动健身指导　适宜的运动可提高机体抵抗力，促进血液循环。高血压患者应保持适当的体力活动，提倡有氧运动如步行、游泳、慢跑，运动时间初始为 10～15 分钟，之后一般为 30 分钟，3～5 次 / 周，运动循序渐进，先从轻度开始，逐渐增加运动量，以活动后无明显不适为宜，如运动出现胸闷、心慌等应立即停止运动。长期坚持康复步行，有助于血压稳定下降。此外，太极拳、气功等放松运动也可减缓紧张情绪，促进高血压患者的康复。

4. 坚持合理用药　让患者认识到坚持服药的重要性，能自觉遵医嘱服药，要详细告知药物的名称、剂量、用法、疗效，强调规律服药，不可自行加药或突然停药，并了解药物的不良反应，当出现不良反应时及时报告医生，调整用药，养成每日晨备好当日药，分别放入小药杯中餐前服用的习惯，提醒患者在服药期间防止直立性低血压造成的晕倒或跌倒等意外。

5. 健康教育　指导患者合理安排生活，注意劳逸结合，教会患者及家属在家中测量血压的方法及正常值，养成自我监测血压的习惯；提高患者的社会适应能力，避免各种不良刺激的影响；注意饮食控制与调节，减少钠盐、动物脂肪的摄入，忌烟酒；保持大便通畅，必要时服用缓泻剂；嘱患者按时服药，适当参与活动；若血压持续升高或患者出现头晕、头痛、恶心等症状时应及时就诊；定期参加高血压知识讲座，让患者及家属了解高血压的康复保健知识是降低危险因素，防治高血压发生、发展的有效方法；鼓励患者及家属互相交流经验，建立高血压患者管理信息系统，对高血压患者进行病情评估，实施随访管理。

二、糖尿病患者的社区管理与护理

案例 5-2　患者，男，55 岁，身高 172cm，体重 64kg。患者 6 年前被确诊为 2 型糖尿病。目前服用阿卡波糖 50mg，每天 3 次；盐酸二甲双胍 0.5g，每天 3 次。社区卫生服务为其建立糖尿病管理卡进行规范化管理。

问题：1. 社区护士应如何为患者进行随访管理？

2. 如何指导患者及其家属做好日常护理工作？

（一）糖尿病概述

糖尿病是一种多病因的内分泌代谢疾病，是由于体内胰岛素缺乏和（或）作用缺陷引起的糖、脂肪和蛋白质代谢紊乱的一种综合征。糖尿病可分为四种类型，即 1 型糖尿病、2 型糖尿病、妊娠糖尿病和其他特殊类型糖尿病。我国的糖尿病以 2 型糖尿病为主，占 90% 以上。我国糖尿病患者的数量也在以惊人的速度急剧增多，据统计目前我国有糖尿病患者达 3000 多万，主要是 2 型糖尿病。糖耐量减低者近 6000 万，其中有 60%～70% 的人是未获诊断的糖尿病患者，两者总计人数已近 1 亿。我国已成为仅次于印度的世界第二大糖尿病国家。

1. 糖尿病的危险因素　糖尿病的发生与多种因素有关，可分为人类生物学因素、个人行为因素和环境因素。

（1）人类生物学因素：通常所说的不可改变的危险因素，如遗传、年龄和先天子宫内营养不良等。糖尿病有明显的遗传倾向，表现为家族聚集性，且 2 型糖尿病的遗传倾向更为明显。

糖尿病的发病危险度随年龄的增加而增加。最新研究显示，如果先天子宫内营养不良、低体重儿在成年后肥胖，则发生糖尿病和胰岛素抵抗的概率会大大增加。

（2）个人行为因素：可改变危险因素，主要包括不合理的膳食，如高盐、高糖、高脂、低纤维、低维生素饮食，中度以上饮酒和缺乏体力活动及心理压力过大等。

（3）环境因素：病毒感染，如1型糖尿病与柯萨奇病毒B4、腮腺病毒、EB病毒感染免疫反应有关，另有专家指出持续性病毒感染引起的T淋巴细胞亚群改变与2型糖尿病自身免疫致病有关。环境中的化学毒物或某些药物可影响糖代谢，体质敏感者可发生糖尿病。

2．临床表现　糖尿病临床症状可总结为“三多一少”，即“多食、多饮、多尿”“体重减少”。1型糖尿病起病急、病情重、症状明显典型；2型糖尿病起病慢、症状相对较轻、容易被忽视，也有一部分患者并无明显症状，只是在体检时偶然发现高血糖。

3．诊断标准　我国糖尿病学会采纳的诊断标准为：

（1）糖尿病的典型症状＋随机血浆葡萄糖浓度≥11.1mmol/L（200mg/dl）。

（2）空腹血浆葡萄糖浓度≥7.0mmol/L（126mg/dl）。

（3）口服葡萄糖耐量试验中，2小时血浆葡萄糖浓度≥11.1mmol/L（200mg/dl）。

符合以上中的一条，且在另一日再测一次证实，即可诊断为糖尿病。儿童糖尿病的诊断标准与成人一致。

（考点：糖尿病的诊断标准）

（二）糖尿病患者的社区管理

依据《国家基本公共卫生服务规范（第三版）》，糖尿病患者社区管理对象为辖区内35岁及以上2型糖尿病患者，社区管理的目标是控制糖尿病，防治急性并发症，阻止或延缓慢性并发症的发生和发展，提高糖尿病患者的生存质量。具体措施如下：

1．筛查　对工作中发现的2型糖尿病高危人群进行有针对性的健康教育，建议其每年至少测量1次空腹血糖，并接受医务人员的健康指导。

2．随访评估　对确诊的2型糖尿病患者，每年提供4次免费空腹血糖检测，至少进行4次面对面随访。

（1）测量空腹血糖和血压，并评估是否存在危急情况，如出现血糖≥16.7mmol/L或血糖≤3.9mmol/L；收缩压≥180mmHg和（或）舒张压≥110mmHg；意识或行为改变、呼气有烂苹果样丙酮味、心悸、出汗、食欲减退、恶心、呕吐、多饮、多尿、腹痛、深大呼吸、皮肤潮红；持续性心动过速（心率超过100次/分）；体温超过39℃或有其他突发异常情况，如视力突然骤降、妊娠期及哺乳期血糖高于正常值等危险情况之一，或存在不能处理的其他疾病时，须在处理后紧急转诊。对于紧急转诊者，乡镇卫生院、村卫生室、社区卫生服务中心（站）应在2周内主动随访转诊情况。

（2）若不需要紧急转诊，询问上次随访到此次随访期间的症状。

（3）测量体重，计算体重指数（BMI），检查足背动脉搏动情况。

（4）询问患者疾病情况和生活方式，包括心脑血管疾病、吸烟、饮酒、运动、主食摄入情况等。

（5）了解患者服药情况。

3．分类干预

（1）对血糖控制满意（空腹血糖值＜7.0mmol/L），无药物不良反应、无新发并发症或原有并发症无加重的患者，预约下一次随访。

（2）对第一次出现空腹血糖控制不满意（空腹血糖值≥7.0mmol/L）或药物不良反应的患者，结合其服药依从情况进行指导，必要时增加现有药物剂量、更换或增加不同类的降糖药物，2 周时随访。

（3）对连续 2 次出现空腹血糖控制不满意或药物不良反应难以控制以及出现新的并发症或原有并发症加重的患者，建议其转诊到上级医院，2 周内主动随访转诊情况。

（4）对所有的患者进行针对性的健康教育，与患者一起制定生活方式改进目标并在下一次随访时评估进展。告诉患者出现哪些异常时应立即就诊。

4. 健康体检　对确诊的 2 型糖尿病患者，每年进行一次较全面的健康体检，体检可与随访相结合。内容包括体温、脉搏、呼吸、血压、空腹血糖、身高、体重、腰围、皮肤、浅表淋巴结、心脏、肺部、腹部等常规体格检查，并对口腔、视力、听力和运动功能等进行判断。

（三）糖尿病患者的社区护理

1. 饮食护理　是糖尿病护理的基本措施，无论糖尿病的类型、病情轻重、应用哪一类药物治疗，均应通过饮食减轻胰岛负担，降低过高的血糖以改善症状，由中国营养学会编著的《中国糖尿病膳食指南（2017）》从八方面指导糖尿病患者的膳食管理。

（1）吃、动平衡，合理用药，控制血糖，达到或维持健康体重。

（2）主食定量，粗细搭配，全谷物、杂豆类占 1/3。

（3）多吃蔬菜，水果适量，种类、颜色要多样。

（4）常吃鱼禽，蛋类和畜肉适量，限制加工肉类。

（5）奶类豆类天天有，零食加餐合理选择。

（6）清淡饮食，足量饮水，限制饮酒。

（7）定时定量，细嚼慢咽，注意进餐顺序。

（8）注重自我管理，定期接受个体化营养指导。

2. 运动护理　规律运动能对 2 型糖尿病患者带来许多有益的影响，包括：可以减少体脂含量，特别是腹部脂肪含量，提高肌肉利用葡萄糖的能力；提高胰岛素的敏感性，降低血浆胰岛素水平，改善葡萄糖的代谢；在高危人群能延缓 2 型糖尿病的发病；降低机体低密度脂蛋白和三酰甘油的浓度，提高高密度脂蛋白浓度，改善纤维蛋白溶解活性，降低血栓形成的机会，从而减少产生心血管疾病的危险性。但不恰当的运动有可能给病程长特别是老年患者带来一些不良后果，心血管方面可以引起心肌缺血甚至梗死，微血管方面可引起视网膜出血、尿蛋白，代谢方面能引起低血糖、高血糖或酮症等。因此，制订运动方案前应对患者进行评估，根据评估情况，制订切实可行的运动方式、次数、强度及每次运动的持续时间等。运动方式最好选择有氧运动，如散步、健身操、太极拳、慢跑等。运动时间以餐后 0.5～1 小时为宜，运动强度不宜过大，时间不宜过长，以不感疲劳为度，每周至少 3 次，每次不少于 20 分钟；如在运动中出现胸闷、胸痛等症状时应立即停止并及时处理，如发生低血糖时，应停止运动并口服含糖饮料或食品，若不能缓解应立即就医。外出运动时应携带糖尿病卡。

3. 用药护理　包括口服降血糖药治疗和胰岛素治疗。

（1）口服降糖药治疗：是治疗糖尿病的主要手段之一，应了解各类口服降糖药的作用剂量、用法、药物的不良反应和注意事项，指导患者正确服用。口服降糖药分三类：胰岛素促泌剂（如磺脲类、格列奈类）、胰岛素增敏剂（如双胍类、噻唑烷二酮类）、糖吸收抑制剂（如 α- 糖苷酶抑制剂）等。磺脲类降糖药的作用主要是通过刺激胰岛 B 细胞分泌胰岛素，增加体内的胰岛素水平而降低血糖，应在餐前半小时服用；而格列奈类具有吸收快、起效快和作用时间短的特点，应在进餐前服药（餐前 15 分钟即可），不进餐不服药。双胍类降糖药是通过减少肝脏葡萄糖的输出和改善外周胰岛素抵抗而降低血糖，为减轻双胍类药物的胃肠副作用，一般建议餐后服用；噻唑烷二酮类降糖药服药时间与进食无关。α- 糖苷酶抑制剂通过抑制糖类在小肠上部的吸收而降低餐后血糖，适用于以糖类为主要食物成分和餐后血糖升高的患者，服药应在餐时第一口饭时嚼服。由于药物的药理作用和起效时间不同，所以患者在服药时应严格遵医嘱执行并注意药物的不良反应。

（2）胰岛素治疗：1 型糖尿病患者必须采用胰岛素治疗，否则会出现酮症酸中毒而危及生命。2 型糖尿病患者在严重高血糖、酮症酸中毒、妊娠合并感染、创伤、手术等情况下，需采用胰岛素注射治疗。1 型糖尿病需终身使用，2 型糖尿病在生活方式和口服药联合治疗的基础上，如果血糖未能达标（＜7%），应启动胰岛素治疗，常用胰岛素见表 5-2。

表 5-2 人胰岛素的分类

短效（餐时）	如诺和灵®R、优泌林 R、甘舒霖 R
中效（基础）	如诺和灵®N、优泌林 N、甘舒霖 N
预混（餐时＋基础）	如诺和灵®30R、诺和灵®50R、优泌林 70/30、甘舒霖 30R、甘舒霖 50R

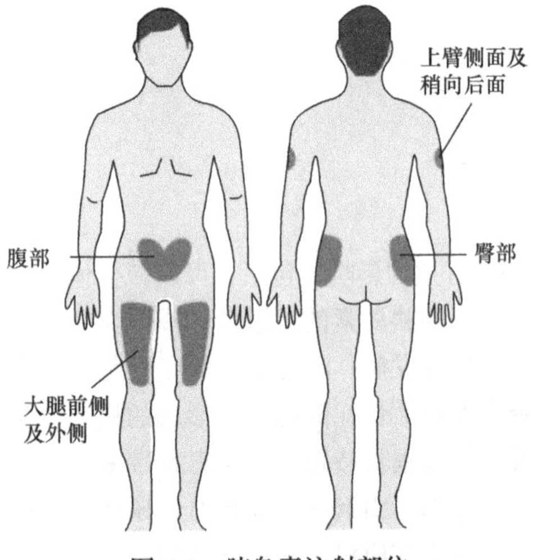

图 5-1 胰岛素注射部位

胰岛素注射时需注意以下几点：①给药方法。胰岛素一般餐前半小时皮下注射。中长效胰岛素于早餐前 1 小时注射。②注射部位：胰岛素注射部位多选择皮下脂肪较多、皮肤松软的部位，如腹部（避开脐和膀胱）、手臂前外侧、大腿前外侧和臀部外上 1/4。主要是因为这些部位下面都有一层可吸收胰岛素的皮下脂肪组织，而且没有较多的神经分布，注射时不舒适的感觉相对较少。注射部位见图 5-1。注射部位应交替使用，以免形成硬结、脂肪萎缩，影响药物的吸收与疗效。③不良反应：低血糖反应、胰岛素过敏、注射部位皮下脂肪萎缩或增生。④储存要求：要注意有效期，保存于室内阴凉处，避免日光照射、受热与冰冻。短效胰岛素出现混浊或中长效胰岛素出现凝块均不能使用。

（考点：胰岛素注射首选的部位）

4．病情监测 对糖尿病患者的病情进行及时的监测对治疗和护理的成效有着重要的作用。要定期对糖尿病患者进行血糖、尿糖、血压、血脂、电解质、肝肾功能、体重、眼底、足部及全身的检查，了解患者的饮食、服药、运动等情况，以及有无并发症的发生。逐步教会患者学会胰岛素的注射，血糖、尿糖的监测及药物不良反应的观察等。

5．健康教育 国内外大量临床实践已证明：通过加强对糖尿病患者的教育与管理，能够改善治疗效果和减少并发症。让患者了解疾病的自然进程，宣传糖尿病的危害性促使人们改变观念和不良生活方式，防止糖尿病的发生。让患者知晓糖尿病的饮食、运动、心理、药物治疗和病情监测的原则和重要性；教会患者如何预防发现治疗急慢性并发症；教会患者和家属血糖、尿糖的测量方法；对患者进行个体化的生活方式干预；提高患者自我监测和自我护理能力；指导患者进行定期复查；随身携带糖果和糖尿病卡，定期随访；发生紧急情况如低血糖、应激等的处理。

自　测　题

一、名词解释

慢性病

二、填空题

1．慢性病的特点为 _____、_____、_____、_____、_____。

2．高血压是指在未用抗高血压药情况下，收缩压 _____ 和（或）舒张压 _____。

3．糖尿病临床症状可总结为“三多一少”，“三多”即 _____、_____、_____，“一少”即 _____。

三、选择题

A_1/A_2 型题

1．慢性病的特点是（　　）
A．病因明确
B．绝大多数是可以治愈的
C．绝大多数可以治疗
D．症状和体征明显
E．预防效果不明显

2．关于慢性病特征的描述不正确的是（　　）
A．病因复杂、潜伏期与患病时间长
B．发病初期的症状和体征不明显
C．一般具有可逆转的病理变化
D．需要长期的治疗和护理
E．一般不可自愈

3．为预防高血压社区护士帮助社区人群建立健康生活方式，下列措施不正确的一项是（　　）
A．控制食盐摄入量
B．加强体育锻炼，控制体重
C．避免进食含钙高的食品
D．戒烟限酒
E．减少膳食脂肪的摄入，适当补充蛋白质

4．高血压患者每日食盐的摄入量以（　　）
A．不超过 12g 为宜
B．不超过 10g 为宜
C．不超过 8g 为宜
D．不超过 6g 为宜
E．不超过 4g 为宜

5．患者，男，23 岁。患 1 型糖尿病 2 年，在家注射速效胰岛素治疗，患者一旦出现极度饥饿、软弱、手抖、出汗、头晕等，下列最合适的处理方法是（　　）
A．让患者卧床休息至症状消失
B．让患者平卧并协助活动四肢
C．立即打电话询问社区医生
D．立即送至附近医院
E．立即口服糖块

6．糖尿病饮食治疗中三大营养素含量占饮食总热量的百分比分别是（　　）
A．糖类 25%，蛋白质 60%，脂肪 20%～30%
B．糖类 25%～35%，蛋白质 40%～50%，脂肪 20%～30%
C．糖类 35%～45%，蛋白质 40%～50%，脂肪＜15%
D．糖类 45%～55%，蛋白质＜20%，脂肪 20%～30%
E．糖类 55%～65%，蛋白质 12%～15%，脂肪 20%～30%

7．患者，男，48 岁。血压 160/100mmHg，确诊为 2 级高血压，社区护士为其进行有关饮食的指导下列不妥的是（　　）
A．低盐、低脂、低糖、高脂
B．多吃新鲜蔬菜、水果及杂粮
C．注意补充钾和钙
D．每日钠盐量不超过 6g
E．戒烟限酒

8．患者，女，60 岁。患 2 型糖尿病 4 年，皮下注射胰岛素治疗。患者在餐前应把胰岛素注射在下列哪个部位最佳（　　）
A．上臂外侧　　B．大腿外侧
C．大腿内侧　　D．臀部
E．腹部

A_3/A_4 型题

（9、10题共用题干）

患者，女，66岁。头晕、头痛、乏力1周加重，伴恶心、呕吐，烦躁不安1天。查体：血压180/130mmHg，意识模糊，左侧肢体活动受限，心界扩大。

9．该患者最可能的诊断是（　　）

A．1级高血压　　B．2级高血压

C．3级高血压　　D．临界高血压

E．高血压危象

10．社区护士为其进行有关血压的用药指导下列不正确的一项是（　　）

A．不可在自觉症状改善或消失后随意停用降压药

B．一般在睡前服用降压药

C．服药期间不要饮酒

D．降压药不要随意与利尿药、镇静药合用，以免引起低血钾

E．定期测量血压，一般每周2～3次，视血压稳定情况而定

四、问答题

1．慢性病的影响因素有哪些？

2．案例分析

患者，女，40岁。于2015年8月无明显诱因出现多尿、口干、多饮、多食伴消瘦，就诊于当地县医院，明确诊断为2型糖尿病，出院后未规律应用胰岛素及口服药，因血糖波动较大，于2016年3月就诊于市人民医院。近1周左右多饮、多食症状加重，并有全身乏力、眼睑水肿症状，经过10天住院治疗，病情好转，患者出院后转入社区卫生服务中心。

（1）社区护士应如何为患者实施随访管理？

（2）如何对这位患者进行健康教育？

（苏　婵）

第6章 社区传染病患者的护理与管理

第1节 概 述

案例 6-1 李某，女，38岁。6天前出现发热，体温持续在38.5～39.6℃，伴有畏寒、肌肉酸痛、头痛、乏力，干咳、少痰，有胸闷、气促，经诊断为SARS，今日其丈夫也出现类似症状。

问题： 1. 为什么李女士与丈夫会患同一种病呢？

2. 社区护士应在多长时间内报告给属地疾病预防控制机构？

3. 应该对该夫妇进行什么方式的隔离？

一、传染病的概念

传染病是由病原微生物所引起的能在人与人、人与动物或动物与动物之间相互传播的一组具有传染性的疾病。传染病的病原体有细菌、真菌、病毒、立克次体、衣原体、朊病毒、螺旋体和寄生虫等。

二、传染病的流行过程及影响因素

传染病的流行过程是指传染病的病原体从传染源排出，经过一定的传播途径侵入易感者机体而形成新的感染，并不断发生、发展的过程。传染病在人群中发生流行需要三个基本环节，即传染源、传播途径和易感人群。这三个环节相互依赖、相互联系，是传染病在人群中流行的生物学基础。

传染病的流行还受自然因素和社会因素的影响和制约。自然因素主要是自然气候和自然地理因素，直接影响野生动物的分布、繁殖和活动；社会因素如社会制度，生产、生活条件，医疗卫生状况，经济文化，风俗习惯，人口迁移等都会影响传染病的流行。

（考点：传染病的三个基本环节）

三、传染病的分类及疫情报告

（一）传染病的分类

《中华人民共和国传染病防治法》根据传染病的危害程度和应采取的监督、监测、管理措施，参照国际上统一分类标准，结合我国的实际情况，将39种急、慢性传染病列为法定管理传染病，分为甲、乙、丙三类，并实行分类管理。

（二）传染病的疫情报告原则

根据《中华人民共和国传染病防治法》规定，疫情报告是疫情管理的基础，是每个卫生工作者重要的法定职责。

1. 需报告的病种　按《传染病信息报告管理规范》的要求，上述的39个病种须进行疫情报告；省级人民政府决定按照乙、丙类管理的其他地方性传染病和其他暴发、流行或原因不明的传染病；不明原因肺炎病例和不明原因死亡等重点监测疾病。

2. 传染病责任报告单位及报告人　《中华人民共和国传染病防治法》明确规定，疾病预防控制机构、医疗机构、采供血机构及其执行职务的人员，乡村医生、个体开业医师，为传染病的责任报告单位和报告人。发现本法规定的传染病疫情或者发现其他传染病暴发、流行以及突发原因不明的传染病时，应当按照国务院规定的或者国务院卫生行政部门规定的内容、程序、方式和时限报告。不得隐瞒、谎报、缓报传染病疫情。

3. 传染病的报告程序及方式　应当遵循疫情报告属地管理原则，传染病报告卡由首诊医生或其他执行职务的人员负责填写；现场调查时发现的传染病病例，由属地疾病预防控制机构的现场调查人员负责填写报告卡。传染病疫情信息实行网络直报，没有条件实行网络直报的医疗机构，在规定的时限内将传染病报告卡报告属地县级疾病预防控制机构，乡镇卫生院、城市社区卫生服务中心负责收集和报告责任范围内的传染病信息。

4. 传染病疫情报告时限　发现甲类传染病和乙类传染病中的肺炭疽、传染性非典型肺炎、脊髓灰质炎、人感染高致病性禽流感患者或疑似患者，或发现其他传染病不明原因暴发时，城镇应于2小时内、农村应于6小时内通过传染病监测信息系统进行报告。发现其他乙、丙类传染病患者、疑似患者和规定报告的传染病病原携带者在诊断后，实行网络直报的责任报告单位应于24小时内进行网络报告；未实行网络直报的责任报告单位应于24小时内送出传染病报告卡。对丙类传染病和其他传染病，在24小时内进行报告。

（考点：社区护士作为传染病责任报告人，疫情报告时限）

第2节　传染病的社区管理与护理

案例 6-2　近期，某社区短时间内出现较多数量的流感患者，以高热、寒战、头痛、肌肉痛、全身不适为主要表现，许多社区居民因此纷纷到社区卫生服务中心就诊。

问题：1. 应如何开展常见传染病的社区管理？

2. 社区护士在传染病防治环节中的作用是什么？

一、传染病的社区管理

传染病的社区管理重点在于预防。预防主要是在传染病为发病或暴发、流行前所采取的措施，通过落实这些措施使得传染病不发生或少发生。传染病的防治必须针对流行过程的三个基本环节，采取以抓主导环节为主的综合性措施，特别是要抓好管理传染源、切断传播途径、保护易感人群这三项措施。

（一）管理传染源

1. 传染病患者管理　采取早发现、早诊断、早报告、早隔离、早治疗“五早”措施。

2. 隐性感染者管理　须接受医学检查、随访和隔离治疗，尽早明确诊断。

3. 病原携带者管理　包括潜伏期病原携带者、恢复期病原携带者和健康病原携带者。对病原携带者做好登记、管理、随访，消除病原携带状态，加强教育，随时消毒，防止传播，必要时进行隔离治疗。

4. 接触者管理　是指曾接触过传染源或者可能被感染的人。接触者应接受检疫。检疫期限是从最后接触之日算起，相当于该病的最长潜伏期。要采取一系列的措施防止接触者发病或者成为传染源。

（1）应急预防接种：对潜伏期较长的传染病接触者进行自动或者被动免疫预防，如麻疹流行时对接触者可注射麻疹疫苗。

（2）药物预防：对某些有特效药物防治的传染病，必要时可用药物预防，但药物的预防只用于密切接触者。

（3）医学观察：某些比较严重的传染病（乙类和丙类）的接触者，不限制其活动，每日进行观察。

（4）隔离观察：是对甲类传染病和传染性非典型肺炎的接触者，限制其活动范围，严格隔离观察。

5. 动物传染源管理　部分无经济价值、对人类危害大的动物传染源应给予捕杀，尸体要彻底焚烧或深埋，严禁食人；危害不大且有经济价值的动物传染源可由兽医部门给予隔离治疗。家畜和宠物应做好检疫和预防接种。

（二）切断传播途径

根据疾病的传播途径不同，采取相应措施。呼吸道传染病应加强通风，保持室内空气新鲜，必要时进行空气消毒，如在呼吸道传染病流行期间可减少外出或者戴口罩等；消化道传染病要重点保护水源，加强“三管一灭”（管水、管粪、管饮食，消灭苍蝇）和个人卫生工作；大力开展杀虫（蚊子、苍蝇、跳蚤、虱子等）群众卫生运动，对切断媒传染病的传播途径有着非常重要的意义。

（三）保护易感人群

提高人群特异性免疫力最有效的措施是预防接种，可在传染病流行期针对高危人群进行应急接种。而通过运动、合理营养、改变不良生活习惯等措施，可使人群非特异性免疫力升高。药物预防作用时间短，易产生耐药性，仅作为特殊条件下的应急措施。通过戴口罩、手套、鞋套，穿防护服，使用蚊帐、安全套等措施，加强个人防护。

二、社区护士在传染病预防控制中的任务

（一）预防传染病的发生

社区护士根据知、信、行理论模式对社区居民进行有计划的健康教育，宣传传染病相关知识，改变不良生活方式和不健康行为，同时做好应急接种和计划免疫。带领社区居民共同改善和维护社区公共卫生。

（二）阻止传染病的蔓延

发现传染病患者后，应按法律规定程序及时上报疫情，展开流行病学调查，立即按照病种和分类将患者及相关人员进行隔离治疗护理，必要时进行转诊，防止疫情扩散。对有疫情的社区和家庭进行消毒隔离，并对居民进行消毒隔离技术培训。

（三）监测和管理社区重点人群

首先，社区护士应加强对传染病患者、隐性感染者和病原携带者的登记和管理，督促其根据情况接受检查和治疗，直至不再具有传染性；其次，对儿童、孕产妇、老年慢性病患者、流动人口、传染病患者或病原携带者的家属等高危人群应加强教育、监测和管理，经常随访，传

授预防保健知识，开展健康评估，适时采取必要的预防接种措施。

第3节　社区常见传染病患者的管理与护理

案例 6-3　患儿，男，1岁。因发热、咳嗽2天来社区卫生服务中心就诊。查体：T 39.5℃，口腔颊部黏膜可见散在粟粒样斑丘疹、疱疹，手心、臀部和足底也可见散在米粒样斑丘疹、疱疹，疱疹周围有明显红晕。

问题：1. 该患儿的口腔和皮肤应如何护理？

2. 该患儿是否需要报告？应如何报告？

一、肺结核患者的社区管理与护理

（一）概述

肺结核是由结核分枝杆菌引起，经呼吸道传播的肺部慢性感染性疾病。主要病变为结核结节、浸润、干酪样坏死和空洞形成，以长期低热、咳嗽、咳痰、咯血、胸痛、呼吸困难为主要临床表现。

我国结核患者数量居世界第二位，其中80%在农村，是世界上22个结核病高负担国家之一，疫情呈患病率高、死亡率高、耐药率高、年递减率低的特点。结核菌对药物的耐药性，可由菌群中先天耐药菌发展而形成，也可由于在人体中单独使用一种抗结核药而较快产生对该药的耐药性，即获得耐药菌。耐药菌可造成治疗上的困难，影响疗效。全国流行病学调查显示，我国有5.5亿人曾感染了结核杆菌，结核病患者约500万，其中传染性肺结核患者约200万，年新发病例130万，每年因结核病死亡的人数约13万，是全国十大疾病死亡病因之一。为此，结核病的防治仍是一个严重的、需要高度重视的公共卫生问题及社会问题。

（二）流行病学

1. 传染源　排菌肺结核患者为重要传染源。

2. 传播途径　主要经呼吸道传播，也可通过污染的食物或食具感染。活动性肺结核患者咳嗽、打喷嚏或大声说话时，结核菌随飞沫、痰液播散或干燥后随尘埃飞扬，人吸入后形成感染。

3. 易感人群　人群普遍易感，但机体抵抗力低下的人群如婴幼儿、老年人、人类免疫缺陷病毒（HIV）感染者、免疫抑制剂使用者、慢性疾病患者、血糖控制不理想的糖尿病患者，以及生活贫穷、居住拥挤、营养不良人群，新移民，肺尘埃沉着病和与传染性肺结核患者密切接触者是高发人群。

人体感染后是否发病，取决于人体的免疫状态、变态反应和感染细菌的数量与毒力。结核菌侵入人体后4～8周，身体组织对结核菌及其代谢产物所发生的反应为变态反应。人体免疫力低下时，受到大量毒力强的结核菌入侵才会发病。

（考点：肺结核传播的三个环节）

（三）社区管理与居家护理

1. 社区管理

（1）控制传染源：早期发现患者并督促其到专业机构接受隔离治疗。患者应定期体检和行胸部X线检查。对患者及家属开展结核病防治知识的宣传，提高依从性。

（2）切断传播途径：患者应单居一室，进行呼吸道隔离，室内保持通风，每日用紫外线消毒。患者外出时应戴口罩。密切接触者应及早去医院进行有关检查。嘱患者在咳嗽或打喷嚏时，用双层纸巾遮住口鼻，以防飞沫传染。不要随地吐痰，将痰吐在纸上，连同擦拭口鼻分泌物的纸一起用火焚烧。或痰液须经灭菌处理，如用 5% 苯酚或 1.5% 煤酚皂溶液浸泡 2 小时以上再弃去。接触痰液后用流水清洗双手。患者餐具需煮沸消毒或用消毒液浸泡消毒，同桌共餐时使用公筷，以防传染。

（3）保护易感人群：接种卡介苗可以使人体产生对结核菌的特异性免疫力，减少肺结核的发生。对于结核菌素试验阳性且与患者密切接触的成员、结核菌素试验新近转为阳性的儿童可服用异烟肼进行药物预防性治疗。

2. 居家护理　肺结核是一种慢性消耗性疾病，治疗时间长，而且抗结核药物不良反应大，致使一些患者难以坚持用药，影响治疗效果。要想达到治愈肺结核的目的，单纯依靠住院治疗和护理远远不够，居家护理监督非常重要。

（1）用药护理：结核药必须早期、规律、联合、适量、全程。要向患者及其家属解释化疗的意义、用药时的注意事项，同时观察患者服药情况，及时发现药物的副作用，如利福平可出现黄疸、氨基转移酶一过性升高及变态反应；链霉素可出现耳聋和肾功能损害；对氨基水杨酸钠可有胃肠道刺激、变态反应；异烟肼可引起周围神经炎、中毒性反应；乙胺丁醇可以出现球后视神经炎，一旦出现副作用及时就诊。

（2）休息与活动：肺结核活动期的患者应注意休息，避免疲劳；有高热等明显中毒症状及咯血者，应卧床休息；轻症及恢复期患者，不必限制活动。

（3）饮食护理：肺结核是一种慢性消耗性疾病，患者往往非常虚弱，饮食宜高热量、富含维生素、高蛋白，多食牛奶、豆浆、鸡蛋、鱼、肉、新鲜水果及蔬菜等，戒烟酒，以增强抵抗力，促进病灶愈合。

（4）咯血护理：患者咯血时应细致观察与护理，让患者安静休息，避免不必要的交谈，一般静卧休息能使小量咯血自行停止。大咯血患者应绝对卧床休息，协助患者取患侧卧位，如胸闷、咯血不畅或呼吸困难，应及时送医院治疗，做好窒息的预防及抢救配合。

（5）心理护理：肺结核病程长、恢复慢，且病情易反复，使患者产生急躁、恐惧、抑郁心理，社区护士应做好心理护理，耐心向患者讲解疾病知识，给予心理支持和帮助。

（考点：肺结核的居家护理措施）

二、手足口病患者的社区管理与护理

（一）概述

手足口病（hand foot and mouth disease，HFMD）是由多种肠道病毒引起的一种以口腔、手、足等部位疱疹为特点的一种常见传染病，以婴幼儿发病为主。引起手足口病的肠道病毒包括肠道病毒 71 型（EV71）和 A 组柯萨奇病毒（CoxA）、埃可病毒（Echo）的某些血清型。多数患者症状较轻，发热，手心、足底、臀部出现斑丘疹和疱疹，口腔黏膜出现疱疹和（或）溃疡，疼痛明显。部分患者可伴有咳嗽、流涕、食欲缺乏、恶心、呕吐、头痛等症状。少数患者可出现并发症，个别重症患者病情进展快，可导致死亡。

手足口病是全球性传染病，世界上很多国家均有报道，特别是亚太地区广泛流行，已成为重要的公共卫生问题，引起了世界各国的关注和警惕，手足口病的流行，时时刻刻威胁着人的身心健康。因此，应加强手足口病的早期诊断与及时治疗，从而改善手足口病的疗效，进行针对性预防，以降低手足口病的发病率。

（二）流行病学

1. 传染源　手足口病的传染源是患者和隐性感染者，发病后 1 周内传染性最强。

2. 传播途径　感染后 1～2 周内可以从咽部排出病毒，3～5 周从粪便中排出病毒，疱疹液中含大量病毒，溃破时病毒溢出，所以本病可经粪 - 口传播、呼吸道传播，也可通过接触患者口鼻分泌物、疱疹液及被污染的手和物品造成传播。

3. 易感人群　人群普遍易感，其中以 5 岁以下儿童为主，尤其是 3 岁以下儿童发病率最高，感染后可获得特异性免疫力。

该病流行无明显的地区性，全年均可发生，一般 5～7 月为发病高峰，托幼机构等易感人群集中的单位可发生暴发流行。

（考点：手足口病传播的三个环节）

（三）社区管理与居家护理

1. 社区管理

（1）控制传染源：早期发现患者，尽早进行隔离治疗，以达到较快治愈。对患者及家属开展手足口病防治知识的宣传，提高依从性。

（2）切断传播途径：患者应单居一室，进行呼吸道隔离，室内保持通风，每日用紫外线消毒。患者外出时应戴口罩。密切接触者应及早去医院进行有关检查。嘱患者在咳嗽或打喷嚏时，用双层纸巾遮住口鼻，以防飞沫传染。不要随地吐痰，将痰吐在纸上，连同擦拭口鼻分泌物的纸一起用火焚烧，或痰液用消毒液搅拌消毒后再弃去。接触痰液后用流水清洗双手。患者餐具需煮沸消毒或用消毒液浸泡消毒，同桌共餐时使用公筷，以防传染。

（3）保护易感人群：接种 EV71 型手足口病疫苗可以预防 EV71 型病毒感染所致的手足口病，是目前唯一可用于预防手足口病的疫苗。除此之外，可以在社区开展防治知识的宣传，使易感人群及家属了解该病的临床症状，掌握最基本的预防措施，强调良好的个人卫生习惯及环境卫生措施，形成大家共同参与的群防群控形式。

1）吃熟食：注意口腔卫生，进食前后可用生理盐水或者温开水漱口，不要吃生冷食物。

2）喝开水：不要喝生水。

3）勤洗手：要勤剪指甲、勤洗手，减少接触病毒的机会。

4）常通风：不宜到人群聚集、空气流通差的公共场所，家里要经常通风。

5）晒太阳：EV71 型病毒最怕紫外线，多晒太阳能有效消灭病毒。另外，家居物品如衣被等也要经常暴晒。

2. 居家护理

（1）一般护理，消毒隔离：一旦发现感染了手足口病，应及时就医，避免与外界接触，卧床休息 1 周。用过的物品要彻底消毒，其中唾液、粪便、擦拭用纸等都应倒入适量消毒液，搅拌消毒后再丢入厕所；房间要定期开窗通风，保持空气新鲜、流通，每天应进行空气消毒；谢绝亲属来家里探视患儿，避免继发感染。

（2）饮食护理：应多喝温开水，吃清淡、可口、易消化、柔软的流质或半流质饮食，禁食冰冷、辛辣、过咸等刺激性食物。

（3）口腔护理：保持口腔清洁，饭前饭后用生理盐水漱口。可将维生素 B_2 粉剂直接涂于口腔溃烂部位，以减轻疼痛，促使糜烂早愈合，预防细菌继发感染。

（4）皮疹护理：患者衣被要清洁，衣着要舒适、柔软，经常更换。指甲要剪短，防止抓破皮疹。皮疹初期可涂炉甘石洗剂，待有疱疹形成或疱疹破溃时及时涂药。注意保持皮肤清洁，防止感染。

（5）发热护理：一般为低热或中度发热，无须特殊处理，嘱其多饮水；高热时给予物理降温。

（6）病情观察：严密监护，注意观察药物的疗效和不良反应，注意有无严重的并发症。

（考点：手足口病的居家护理措施和管理）

3．针对托幼机构等集体单位的健康指导

（1）教室和宿舍等场所要保持良好的通风。

（2）每日对玩具、个人卫生用具、餐具等物品进行清洗消毒。

（3）进行清扫或消毒工作（尤其清扫厕所）时工作人员应戴手套。清扫工作结束后应立即洗手。

（4）每日对门把手、楼梯扶手、桌面等物体表面进行擦拭消毒。

（5）教育指导儿童养成正确洗手的习惯。

（6）每日进行晨检，发现可疑患儿时，要对患儿采取及时送检、居家休息的措施；对患儿所用的物品要立即进行消毒处理。

（7）患儿增多时，要及时向卫生和教育部门报告。根据疫情控制需要，当地教育和卫生部门可决定采取托幼机构或小学放假措施。

自测题

选择题

A_1/A_2 型题

1．在城镇甲类传染病的法定传染病报告时间为发现后（　　）

A．6 小时内　B．8 小时内
C．10 小时内　D．12 小时内
E．24 小时内

2．属于甲类法定传染病的是（　　）

A．鼠疫、炭疽　B．霍乱、鼠疫
C．鼠疫、霍乱　D．霍乱、艾滋病
E．鼠疫、艾滋病

3．流行过程的基本条件是（　　）

A．患者、病原携带者、受感染的动物
B．周围性、地区性、暴发流行
C．散发、流行、暴发流行
D．传染源、传播途径、易感人群
E．自然因素、社会因素

4．手足口病患者的居家护理不包括（　　）

A．饮食护理　B．口腔护理
C．皮疹护理　D．发热护理
E．肛周护理

5．《中华人民共和国传染病防治法》将法定管理传染病分为甲、乙、丙 3 类，它们是（　　）

A．甲类 2 种，乙类 26 种，丙类 11 种
B．甲类 2 种，乙类 24 种，丙类 9 种
C．甲类 2 种，乙类 22 种，丙类 11 种
D．甲类 2 种，乙类 25 种，丙类 10 种
E．甲类 2 种，乙类 19 种，丙类 14 种

A_3/A_4 型题

（6～8 题共用题干）

患者，女，45 岁。患肺结核半年。

6．一日中午突然出现咯血量增多，下列正确的是（　　）

A．嘱患者立即起身，将血吐出
B．嘱患者卧床，将血咽下
C．嘱患者卧床，抬高足部
D．嘱患者卧床，抬高头部
E．嘱患者将血咽下

7．为预防其他人被感染，应切断肺结核的（　　）

A．呼吸道传播途径　B．粪－口传播途径

C. 血液传播途径　D. 性传播途径
E. 昆虫媒介传播途径

8. 该患者宜选择（　）
A. 高脂肪、高蛋白、高糖饮食
B. 流质、半流质饮食，禁忌过早地食用多渣、多纤维饮食
C. 足够的热量、高蛋白、高维生素饮食，禁忌辛辣食物
D. 清淡饮食，适量蛋白质和维生素的供给，保证热量
E. 低脂肪、低盐饮食

B 型题

（9～11 题共用答案）
A. 进行免疫接种
B. 良好的生活习惯
C. 采用物理、化学方法对污染物或环境进行消毒
D. 对传染病患者早发现、早报告、早隔离、早诊断、早治疗
E. 向社区居民普及传染病的知识

9. 提高人体特异性免疫功能的措施是（　）
10. 控制传染源的措施是（　）
11. 切断传播途径的措施是（　）

（郭姗姗）

第7章 社区护理中常用的流行病学方法与评价指标

流行病学是一门应用学科，也是逻辑性很强的科学研究方法，它以包括医学在内的很多学科知识为依据，利用观察、分析、实验等多种研究方法，了解人群的健康和疾病状况，找出规律、分析病因、提出并评价防护措施。它既是一门实用、独立的学科，又被作为方法学应用于许多医学领域中，对现代医学的发展发挥着积极的作用。运用流行病学知识，可以更好地实现社区护理的目的，提高社区护理的工作质量。

第1节　概　　述

案例 7-1　2016年3月某日，某学校午餐后陆续出现多例以腹痛、腹泻为主要症状的学生。截至15：00，送医学生500人，其中，350人住院治疗（包括较重的50人），150人留院观察。

问题：1. 在紧急应对处置的同时，应按照什么步骤开展该事件的调查？

2. 如何计算发病率？

一、流行病学的概念

流行病学是研究疾病与健康在人群中分布及其影响因素，以研究防治疾病及促进健康策略和措施的学科。

二、流行病学的特征

1. 群体特征　从群体的角度观察事物的动态变化。

2. 比较特征　通过比较产生结论。

3. 概率论特征　流行病学重视定量描述和数据分析，得到的危险度和各种率，实际上是相对问题的概率参数的估计值，而不是绝对值。

4. 病因多因观特征　任何疾病的病因都不是单一因素造成的。

5. 预防为主特征　坚持预防为主的方针，特别是一级预防。

6. 社会心理学特征　研究时必须考虑对象的社会心理因素。

7. 发展特征　流行病学的定义和任务在不断发展中。

三、流行病学在社区护理中的应用

1. 社区健康评估及护理诊断　对社区人群的健康状况、与健康相关的危险因素及可利用资源的评估，都可以通过流行病学方法达到要求。如通过现况调查可以明确社区人群疾病与健康状况的三间分布：从人间的分布特点可以发现与疾病有关的高危人群，明确社区的主要健康问题；从时间的分布可以发现影响疾病与健康的主要因素，找出健康问题产生的原因；从空间的分布可以初步判断可利用的资源，为预防和护理措施的制定提供依据。如要进一步探索导致疾病产生的原因，可以用病例对照研究的方法找出疾病的危险因素，如要求证明某些因素与疾病之间的关系，可借助队列研究的方法。另外，流行病学的筛查方法对社区护理工作中早期发现和诊断疾病发挥着重要的作用。

2．社区护理计划与护理措施　流行病学为社区护理计划的制定和护理措施的具体实施提供了理论支持和方法指导，具体体现在以下三个方面：

（1）提供疾病预防和健康促进的方法：流行病学作为预防医学的一门分支学科，提出的一些预防控制疾病和促进健康的方法可作为社区护理的工作内容。如针对传染病所采取的疫情报告、改善环境、消毒杀虫、预防接种、个人防护等措施；对慢性病所提出的危险因素监控、初级卫生保健网络、健康教育、社区卫生规划等措施。

（2）有助于社区健康教育的实施：社区健康教育与流行病的关系密不可分。社区健康教育需要借助流行病学的方法调查社区人群的健康状况、影响健康状况的个人及环境因素，并根据流行病学的调查资料规划健康教育的内容、方法及手段，通过有针对性的健康教育，提高社区居民的保健意识和自护能力。如社区护士发现所工作的社区中因不明原因腹痛、贫血的人比例较高，通过病例对照研究发现，这些患病的人应用铅茶壶泡茶的比例明显高于对照组，因此认为茶水含铅量高是导致患病的主要原因。因此，社区护士通过健康教育使社区居民改变了这种生活习惯，可预防铅中毒的发生。

（3）评价干预措施的效果：目前用于社区护理的各种干预措施层出不穷，但是否具有推广的价值，关键在于其使用的效果。要验证干预措施的使用效果，可以借助流行病学方法中的社区干预试验。如要评价上述事例中“健康教育对某社区铅中毒预防效果的影响”，就可选择该社区中一定样本量的居民，将其随机分为实验组和对照组，对实验组居民实施一系列有关铅茶壶泡茶可导致铅中毒的教育，对照组不实施特殊干预，干预后对比分析两组居民铅中毒的发生率有无差别。

（考点：流行病学的定义，流行病学在社区护理中的应用）

第2节　流行病学基本研究方法

流行病学基本研究方法包括描述性研究、分析性研究、实验性研究和理论性研究（图7-1）。

一、描述性研究

描述性研究是流行病学调查的第一步。它是将已有资料或专门调查所得的资料，按不同地区、不同时间及不同人群特征分组，对一个社区人群疾病或健康状态分布情况进行简单的描述，在此基础上提出病因假设。描述性研究也是社区护理评估、护理诊断的常用方法。

（一）现况研究

现况研究是按照事先设计的要求在某一人群中应用普查或抽样调查的方法收集特定时间内疾病的描述性资料，以描述疾病的分布及观察某些因素与疾病之间的关联。因调查工作是在某一时点或短暂时间内完成的，所以也称为横断面调查；又因所使用的指标主要是患病率，故又称为患病率调查。

现况研究的优点是结合专题设计的调查资料丰富，有利于“空间”和“人间”分布的分

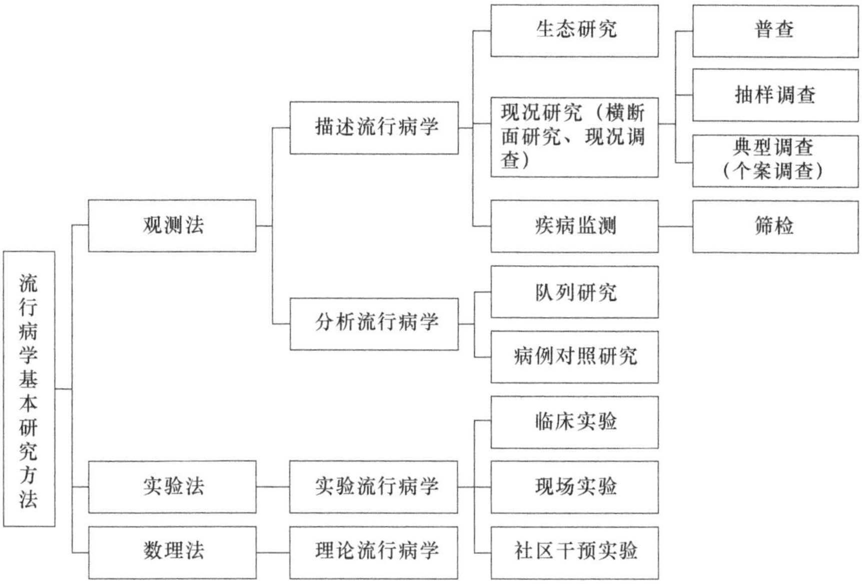

图 7-1　流行病学基本研究方法

析，缺点是仅可反映调查时的现状，无法体现所调查问题在时间上的分布规律。但有条件时，可在不同时间段对同一人群做几次横断面调查，从而弥补这一缺陷。根据调查的范围不同，现况调查可分为全面调查（即普查）和非全面调查，后者主要包括抽样调查和典型调查。

1. 普查　是在一定时间内根据调查的目的对一定范围人群中的每个成员进行的调查。普查的优点主要是确定调查对象简单，缺点是不宜对患病率低、诊断技术复杂的疾病开展此项工作。

2. 抽样调查　是指从调查的总体中随机抽取一定数量的观察单位组成样本，通过对样本的调查，用样本的信息来推论总体的特征。抽样调查要遵循“随机化”的原则，且应根据实际情况选用不同的抽样方法，因抽样调查涉及的观察单位较少，可将调查工作做得细致深入，因此在实际工作中应用广泛。

3. 典型调查　是指在对事物作全面分析的基础上，有目的地选择典型的人、单位和事件进行调查。典型常是同类事物特征的集中表现，典型调查有利于对事物特征进行深入了解。因此，通过将典型调查与普查相结合，就可从广度和深度两方面说明疾病和健康的本质问题。

（二）筛检

筛检是指通过快速的检验、检查或其他措施，将可能有病但表面健康的人与可能无病的人区别开来。需要注意的是，筛检试验仅是初步检查，对筛检试验阳性和可疑阳性的人，必须进一步行确诊检查。筛检有两个目的：

1. 早期发现患者或高危人群，以便开展早期防治。

2. 估计疾病流行情况并作描述性分析。

二、分析性研究

分析性研究是探索导致疾病或健康问题在人群中分布存在差异的原因或影响因素的方法。最常用的分析性研究方法有队列研究和病例对照研究。

（一）队列研究

队列研究也称定群研究，是将观察对象按照是否暴露于一种或多种因素或暴露于一种或多种因素的不同水平分为两个或多个亚组，持续随访一定时间，观察和比较亚组间疾病或暴露结局发生率的差异，以检验研究因素对疾病或暴露结局发生的影响。这种从病因暴露观察暴露结局的研究方法，从时间上是看将来发生的事情，所以也称为前瞻性研究。

要理解和应用队列研究，需要明确两个概念：

1. 队列　在流行病学中指一组具有共同经历或共同状态的特定研究人群。

2. 暴露　指研究对象曾经接触过某些因素，或具备某些特征，或处于某种状态。暴露因素即为这些因素。

队列研究是从因到果的研究，由于原因发生在前，结局发生在后，故检验病因假说的能力强于病例对照研究；通过随访，不但可以了解疾病的自然史，还可获得一因多果的结局。另外，队列研究在了解基线率的基础上，有利于实施预防和控制规划。其缺点是长期随访不但会造成人力及物力的巨大浪费，也可造成各种原因的失访，所以此研究不适用于发病率很低的疾病。

（二）病例对照研究

病例对照研究是通过选择患某病的病例（或具有其他结局变量的个体）和未患病的人群，分别调查并比较其既往暴露于某个（或某些）危险因素的有无、频度或计量水平的差异，以判断暴露危险因素与某病有无关联及其关联程度大小的一种观察性研究方法。由于两组的暴露情况往往是通过研究对象的回顾而获得的，故又称为回顾性研究。

病例对照研究是从果到因的研究，通过回顾性的调查，可以获得多个与疾病相关的因素。由于病例对照研究在研究开始时病例已产生，所以适用于研究发病率低的罕见病。其缺点是回顾易产生回忆偏差。

（考点：描述性研究、分析性研究的分类及适用情况）

三、实验性研究

实验性研究又称实验流行病学、干预试验，一般需要设立对照组。将来自同一总体的研究人群随机分为试验组和对照组。研究者向试验组人群施加某种干预措施，对照组人群采用空白对照或给予标准化的干预措施，然后随访比较两组人群的结局（疾病发生、治愈、健康状况等）有无差别及差别大小，以判断干预措施效果的一种前瞻性研究方法。与分析性研究相比，由于有研究者控制的干预措施、研究人群的随机分组和实验者对实验现象的亲自追踪，实验性研究对结局的解释能较好地排除外界因素的干扰，在检验效能上比分析性研究强得多。

通常根据研究对象及设计特点的不同将实验性研究分为临床试验、现场试验和社区试验三大类。

四、理论性研究

理论性研究又称理论流行病学或数学流行病学，是在流行病学调查、分析所得资料的基础上，用数学表达式定量地阐述流行过程的特征，模拟流行过程，并按实际的流行过程进行检验和修正，从而建立流行过程的理论。同时，以正确反映实际流行过程的数学模型在计算机上预测各种可能发生的流行趋势，提出各种防治措施并加以筛选，从而推进防治理论研究。

第 3 节　社区常用健康状况评价指标

一、生 命 统 计

生命统计是流行病学分析疾病发生现状及评价干预效果的必要手段，也是公共卫生记录的重要内容之一，它不仅是公共卫生机构工作人员的基本职责，也是制定卫生计划及卫生政策的基础。因此，社区护士应了解各项生命事项的统计及报告程序，尤其应熟知各项生命统计指标的含义及用法，以便在社区护理工作中，用生命统计指标来反映社区卫生服务的状况。

生命统计中常用的指标有率、相对比和构成比。

1. 率的概念及计算方法　率也称为频率指标，表示某种现象在一定条件下实际发生的例数与可能发生某现象的总数之比，用以说明某种现象发生的频率大小或强度。率的计算比例基数可以用 100%、1000‰、10 000/ 万或 100 000/10 万，分别称为百分率、千分率、万分率和十万分率。一般情况下，乘以比例基数后应至少保留一位整数，以便于比较。其计算公式为

率＝某现象实际发生次数 / 可能发生某现象的总数 × 比例基数（K）

K＝100%、1000‰、10 000/ 万或 100 000/10 万

2. 相对比的概念及计算方法　相对比是 A、B 两个有关指标之比，说明 A 是 B 的若干倍或百分之几，通常用倍数或分数表示，计算公式为

比＝A/B

两个比较指标可以性质相同，也可以性质不同，常见的有三种情况：①两个同类事物某种指标的比，如男女性别比；②两个有关的但非同类事物的数量的比，如医护人员与病床之比；③实际完成数与计划完成数之比，如实际接种流感疫苗人数与计划接种人数之比。一般习惯上如果 A 指标大于 B 指标，则用倍数表示，如果 B 指标大于 A 指标，则用百分数表示。

3. 构成比的概念及计算方法　构成比又称构成指标，说明某一事物内部各组成部分所占的比重或分布。常用百分数表示，计算公式为

构成比＝［A（或 B 或 C）］/（A＋B＋C）×100%

二、常用的生命统计指标

社区护理的重点是人群的健康问题，在评估人群的健康状况时常常会用到各种生命统计指标，如用人口统计学指标描述人群的基本特征；用疾病频率指标评估社区的疾病与健康问题；用表示疾病与暴露之间联系强度的指标分析导致社区疾病与健康问题的原因；用实验效果的评价指标来验证社区健康卫生保健的成效等。

1. 人口统计学指标　人口统计学资料可以通过静态或动态的人口学调查获得，静态人口学调查的指标主要包括人口总数、年龄结构和性别结构，动态人口学调查的指标主要包括出生、死亡、结婚、离婚的发生率。由于静态人口学调查指标简单易懂，下面主要介绍动态人口学调查指标。

（1）出生率：指一年内的活产婴儿数占年平均人口的比例。出生率是显示人口生育水准的常用指标，但易受人口年龄、性别结构的影响，需要在标准化后进行比较。计算公式为

出生率＝某年出生活产婴儿数 / 年平均人口数 ×K

（2）死亡率：指在一定期间内的一定人群中，死亡人数占同期平均人口数的比例。

常以年为单位，多用千分率、十万分率表示。可反映一个地区不同时期人群的健康状况和卫生保健水平。计算公式为

死亡率＝某时期内死亡总数 / 同期平均人口数 ×K

1）死亡专率：死亡率还可以按照不同年龄、性别、职业、病种、地区、种族等分别计算，如年龄别死亡率指某年某地某年龄组的死亡人数占同年同年龄的平均人口数中的比率，多用千分率计算。计算公式为

年龄别死亡率＝某年某地年龄组的死亡数 / 同年同年龄组的平均人口数 ×K

2）婴儿死亡率：指一年内不满 1 周岁的婴儿死亡人数与当年活产婴儿数的比率，多用千分率计算。婴儿死亡率是反映社会卫生状况和婴儿保健工作的重要指标，也是死亡统计指标中较敏感的指标。计算公式为

婴儿死亡率＝不满 1 周岁的婴儿死亡人数 / 同年活产婴儿总数 ×K

3）围产期死亡率：指某年妊娠 28 周或 28 周以上的胎儿死亡数与出生 7 天以内的新生儿死亡数之和占同年妊娠 28 周或 28 周以上的胎儿死亡数与活产数之和的比率。围产期死亡率是衡量孕前、孕期、产期、产后保健工作质量的敏感指标之一。计算公式为

围产期死亡率＝（同年妊娠 28 周或以上胎儿死亡数＋出生 7 天内新生儿死亡数）/（某年妊娠 28 周或以上胎儿死亡数＋活产数）×K

2．疾病统计指标　主要用于社区中疾病与健康状况的测量，包括发病指标和疾病危害指标。

（1）发病指标：常用的与发病有关的指标包括发病率、患病率、感染率和疾病构成百分比。

1）发病率：表示在一定时间内、一定人群中某种疾病新病例出现的频率，主要用于描述疾病的分布。观察的时间单位可根据所调查疾病的病种及调查问题的特点决定，通常多以年表示。计算公式为

发病率＝一定期间内某人群某病新病例人数 / 同时期暴露人口数 ×K

2）患病率：也称现患率，指某特定时间内总人口中曾患有某病人群（包括新旧病例之和）所占的比例。通常用来表示病程较长的慢性病的发生和流行情况。患病率可按观察时间的不同分为期间患病率和时点患病率，时点患病率较常用。计算公式为

时点患病率＝某一时点一定人群中现患某病的新旧病例 / 该时点平均人口数 ×K

3）感染率：指某个时间内所检查的人群样本中某病现有感染者所占的比例。常用于传染病和寄生虫病的感染及防治效果的研究。计算公式为

感染率＝受检者阳性人数 / 受检人数 ×K

4）疾病构成百分比：指某种疾病的病例数在总病例数中的比重，常用百分比表示。通常可按不同性别、不同年龄组分析疾病构成百分比，以反映某一特定人群中的疾病构成情况。计算公式为

疾病构成百分比＝同时期内某病新发病例数 / 受检同时期内全部新发病例数 ×100%

（2）疾病危害指标：反映疾病危害程度的指标，包括死因别死亡率、病死率和死因构成。

1）死因别死亡率：指某地某年因某种原因（疾病）所致的死亡率，一般以 10 万人口计算。计算公式为

死因别死亡率＝同年内某种原因（疾病）死亡人数 / 某年平均人口数 ×100 000/10 万

2）病死率：指一定时间内（通常为 1 年）某患病的全部患者中因该病死亡者的比例，表示疾病的严重程度。多用于急性传染病，较少用于慢性病。计算公式为

病死率＝某时期内某病死亡人数 / 同期内患病的患者数 ×100%

3）死因构成：指因某类疾病死亡的人数占总死亡人数的百分比。

死因构成＝因某种原因（疾病）死亡人数 / 总死亡人数 ×100%

（考点：各指标的用途及计算方式）

三、应用生命指标的注意事项

计算生命指标是为了通过比较说明某种与健康相关问题的严重程度，因此在分析时应正确使用相对数，并进行标准化率的比较。

自 测 题

选择题

A_1/A_2 型题

1. 某病的病死率指（　　）
   A. 每 10 万人口的粗死亡率
   B. 某病患者中的死亡百分比
   C. 特殊原因引起的某病死亡率
   D. 某病在所有死因中的比例
   E. 任何疾病的死亡结局
2. 对某地 40 万人进行某病普查，共查出病例 80 人，因此得出（　　）
   A. 某地某病发病率为 20/10 万
   B. 某地某病患病率为 20/10 万
   C. 某地某病罹患率为 20/10 万
   D. 某地某病续发率为 20/10 万
   E. 以上都不是
3. 流行病学描述性研究不包括（　　）
   A. 检测　　B. 现患调查
   C. 队列研究　　D. 抽查
   E. 生态学研究
4. 流行病学的实验性研究不包括（　　）
   A. 临床试验　　B. 干预试验
   C. 人群现场试验　　D. 病例对照研究
   E. 防制实验研究
5. 某单位会餐的 100 人中，有 30 人因食某一被嗜盐弧菌污染的食物，于会餐后的 2 天内发生腹泻、腹痛，这 30% 是（　　）
   A. 发病率　　B. 患病率
   C. 罹患率　　D. 感染率
   E. 相对危险度
6. 为探索新生儿黄疸的病因，研究者选择了 100 例确诊为新生儿黄疸的病例，同时选择了同期同医院确诊没有黄疸的新生儿 100 例。然后查询产妇的分娩记录，了解分娩及产后的各种暴露情况，这种研究是（　　）
   A. 临床试验　　B. 横断面研究
   C. 病例对照研究　　D. 队列研究
   E. 现况研究

（马　英）

第 8 章

社区健康教育与健康促进

第 1 节　社区健康教育

案例 8-1　小王是某社区卫生服务中心的护士，她在建立档案的过程中，发现其辖区居民糖尿病患者较之前明显增多，该社区居住的大多数是老年人，所以她决定对本社区居民开展一次糖尿病知识的健康教育。

问题： 1. 说出对本社区居民进行健康教育的意义。

2. 如何对本社区居民进行糖尿病健康教育？

一、概　　述

（一）健康

健康是一个动态的概念，随着时代的变迁、社会的发展、医学模式的转变，人们对健康的理解和认识也随之改变。1948 年世界卫生组织（WHO）将健康定义为“健康不仅是没有疾病和身体缺陷，还要有完整的生理、心理状态和良好的社会适应能力”。1978 年，国际初级卫生保健大会发表的《阿拉木图宣言》中对健康的描述为：“健康不仅是疾病与体弱的匿迹，而是身心健康、社会幸福的完美状态”，把人体的健康与生物的、心理的、社会的关系紧密地联系起来。1990 年，WHO 重新论述健康的内涵，增加了“道德健康”，2000 年又进一步扩大了健康的内涵，增加了“生殖健康”。

（二）健康教育

通过有目的、有计划、有系统、有组织的社会教育活动，使健康信息在教育者与被教育者之间传递和交流，使人们树立健康意识，自觉地采纳有益于健康的行为和生活方式，消除或减轻影响健康的危险因素，从而达到维护和促进健康、预防疾病的目的。健康教育的实质是一个干预过程，核心是教育人们树立健康意识，养成良好的行为习惯和生活方式，保护和促进个体和群体的健康。

（三）社区健康教育

以社区为单位，以社区人群为教育对象，以促进社区居民健康为目标开展有目的、有计划、有组织、有评价、系统的健康教育活动。其目的是促使社区居民树立健康意识，关注个体、家庭、社区和整个社会的健康，达到预防疾病、促进健康、提高生活质量和延长寿命的目的。同时增进居民自我保健的知识和技能，促使居民养成有利于健康的行为习惯和生活方式。

二、社区健康教育的目的、方法、对象及内容

（一）社区健康教育的目的

1. 提高和促进社区人群健康和自我保护意识。

2. 增进居民自我保健的知识和技能。

3. 促使居民养成合理膳食、适量运动、控制情绪等健康的行为和生活方式。

4. 合理利用社区的保健服务资源。

5. 降低和消除社区健康危险因素。

（二）社区健康教育的常用方法

社区健康教育的常用方法有以下 6 种。

1. 语言教育法　包括口头交谈、健康咨询、专题讲座、小组讨论、同伴教育、报告、演讲等。其特点是简便易行，一般不受客观条件的限制，随时随地均可进行，具有较大的灵活性，是健康教育最基本、最主要的方式。

2. 文字教育法　包括卫生标语、传单、墙报或专栏、报刊或画报等。其特点是形式简单，制作方便，语言精练、生动形象，易于记忆和掌握，号召力、鼓动性强。

3. 形象化教育法　包括图谱、标本、实物、模型、案例学习、角色扮演等。其特点是将各种形式的作品直接作用于人的视觉器官，直观性、真实性强，身临其境，印象深刻，从而加强健康教育的效果。

4. 电化教育法　包括运用广播、录音、电影、电视或网络等。它是运用现代化的声、光等设备及传媒手段向教育对象传送健康信息的教育方法。其特点是将文字、语言、图片、声音等有机地结合在一起，形象逼真、传播范围广、接受程度高。

5. 网络、短信教育法　是通过互联网和手机短信进行健康信息宣传的一种方法。其特点是信息量大，资源丰富，传播速度快，教育效果好。

6. 民间传统教育法　利用三字经、顺口溜、民歌民谣、地方戏曲、游园灯会、年画挂历等民间特有的文化传播形式开展健康教育活动。其特点是亲切、本土化、易接受。

（三）社区健康教育的对象

社区健康教育面向社区的全体居民，教育的对象不同，其教育的侧重点不同。为使健康教育内容更具有针对性，可将社区人群分为以下 4 类：健康人群、高危人群、患病人群、患者家属及照顾者。

1. 健康人群　在社区占的比例最大，由各个年龄阶段的健康人群组成。这些人往往认为他们离疾病遥远，对健康教育持排斥态度。

对于这类人群，健康教育主要侧重于卫生保健知识的教育与接受健康知识的意识，同时提醒他们提高对健康危险因素的警惕性，定期进行体格检查，帮助他们远离疾病，增进健康，提高生活质量。

2. 高危人群　是指那些目前尚健康，但本身存在某些致病的生物因素（包括个体遗传因素等）或不良行为与生活方式（如不良饮食习惯、吸烟、酗酒）的人群。

这类人群中有些人对疾病过于恐惧，对某种家族史过分焦虑，有些人则对自己的不良行为与生活方式不以为然。对高危人群的健康教育，应侧重于预防性卫生健康教育，帮助他们了解疾病相关知识，掌握自我保健的技能，如血压血糖的常规测量方法及正常范围；学习疾病的早期自我检查与监测，如乳腺的自我检查方法，纠正不良行为和生活方式，消除致病隐患，预防疾病。

3. 患病人群　包括各种急、慢性疾病的患者。这类人群可根据疾病的分期分为四种患者，即临床期患者、康复期患者、残障期患者及临终患者。

临床期、康复期、残障期患者对健康教育比较感兴趣，他们均不同程度地渴望早日摆脱疾病、恢复健康。对这类人群的健康教育应侧重于医疗、康复知识的教育和遵医行为的培养，从而使他们能够积极配合治疗，自觉开展康复训练，从而减少残障、促进康复。对于临终患者，应帮助他们正确对待死亡，减少对死亡的恐惧，高质量、平静安详地度过人生的最后旅程。

4. 患者家属及照顾者　这类人群与患者的接触时间最长，往往因缺乏护理基础知识或长期护理而产生心理和躯体上的疲惫甚至厌倦，会影响患者的治疗康复，也会影响其自身的健康。

对这类人群的健康教育应侧重于疾病相关知识、自我监测技能及家庭护理技能的教育，帮助他们坚定持续配合治疗与护理的信念，掌握科学的护理技能，学会心理调节。

（四）社区健康教育的内容

社区健康教育内容主要包括两大类，即进行健康知识的传播和行为的干预。其中健康知识的传播包括一般性健康教育，特殊人群健康教育，卫生法律法规及相关政策、公德教育。

1. 一般性健康教育　包括社区的公共卫生及环境保护知识、营养与食品卫生知识、精神心理卫生知识、计划生育及优生优育知识、家庭常用药品和保健物品的使用和管理知识、院前急救知识及人群常见病多发病的防治等。

2. 特殊人群健康教育　包括儿童及青少年、妇女、中老年保健知识和技能，慢性患者的居家护理知识和技能，残疾人的自我康复保健和技能等。

3. 卫生法律法规及相关政策、公德教育　帮助社区个人、家庭和人群学习和了解有关政策、法规和医疗保险政策，如《中华人民共和国传染病防治法》《中华人民共和国食品卫生法》等。目的是促使社区人群树立良好的道德观念，提高人群参与社区卫生管理的意识和自觉性，自觉遵守各种卫生管理法规，从而维护社会健康。

三、健康教育相关理论

（一）行为学习理论

行为改变是健康教育的核心。认知行为学习理论认为，行为是当环境刺激（S）发生作用时，个体（O）根据自己的认知评价等活动所做出的反应（R），而行为反应结果又能控制或改变环境刺激，即S-O-R的关系。人的正常和异常行为反应模式是长期学习强化的结果，因此也可以通过一种新的学习过程，或通过改变或消除原有的学习过程来加以矫正。人的许多不良的生活习惯或行为也是通过学习强化而固定下来的，如一个人无聊时吸烟或饮酒解闷，久而久之，吸烟及饮酒行为被强化，导致烟瘾、酒瘾的形成。同时，烟瘾、酒瘾可以通过适当的行为干预得到矫正。

（二）健康相关行为

人的行为既是健康状态的反映，同时也对健康产生巨大的影响。任何与健康和疾病有关的行为称为健康相关行为。按其对行为者自身和他人的影响，健康相关行为分为健康行为和危害健康行为。

1. 健康行为　根据哈律士（Harris）和顾坦（Guten）的建议，健康行为可分为5类。

（1）基本健康行为：指日常生活中一系列有益健康的行为，如睡眠充足、营养合理、运动适量等。

（2）预警行为：指各种可能发生的危害健康事件的预防性行为及事故发生后正确处置的行为，如驾车系安全带、火灾发生后自救和他救、工地施工戴安全帽等。

（3）保健行为：指合理、正确使用医疗保健服务以维护自身健康的行为，如定期体检、预防接种、患病后及时就医、遵医行为等。

（4）避开环境危害行为：指避免暴露于自然环境和社会环境中有害健康的危险因素行为，如离开污染环境、积极应对各种紧张生活事件等。

（5）戒除不良嗜好行为：指自觉抵制、戒除不良嗜好的行为，如戒烟、不酗酒、不吸毒、不赌博、不滥用药物等。

2. 危害健康行为　指不利于自身和他人健康的行为，常分为 4 类。

（1）不良行为和生活方式：指一组习以为常的对健康有害的行为模式，如吸烟、酗酒、赌博、饮食不合理、缺乏体育锻炼等，这些行为具有潜伏期长、特异性差的特点。

（2）致病性行为模式：指导致特异性疾病发生的行为模式。国内外研究较多的是 A 型行为模式（即 A 型性格）和 C 型行为模式（即 C 型性格）。

（3）不良疾病行为：指个体从感知到自身患病到疾病康复过程中，所表现出来的不利于疾病治疗和健康恢复的行为，如隐瞒、讳疾忌医、不遵医嘱等。

（4）违规行为：指违反法律法规、道德规范并危害健康的行为，如药物滥用、赌博等。

链　接

A 型性格与 C 型性格

A 型性格的特征为个性倔强、争强好胜、易冲动、抱负过重、追求执着、人际关系紧张，具有时间紧迫感与匆忙感。A 型性格的人长期处于应激状态，交感神经兴奋，容易促发高血脂、高血压、冠心病和躁狂症等。C 型性格的特征为容易克制或压抑自己的情绪，对自己的需求无自信、过度忍耐，常有退缩行为，不擅于与人交际，易出现无助无望的自卑心态而无力承担生活重压。C 型性格的人，抑郁心理打破了内环境的平衡，干扰免疫监控系统的功能，不能及时清除异常突变细胞，这类细胞极易引发癌症，其患癌症的危险性比一般人高 3 倍。

（三）健康相关行为改变理论

健康教育理论和模式是健康教育活动的行动指南，对指导社区健康教育具有非常重要的意义。目前，应用较多的是知－信－行模式和健康信念模式。

1. 知－信－行模式　将人类行为的改变，分为获取知识，产生信念、态度及改变行为三个连续的过程。“知”为知识和信息，“信”为信念和态度，“行”为行为和行动，知－信－行模式认为：知识是基础，信念是动力，行为的产生和改变是目标。只有当人们了解相关的健康知识，建立起积极正确的信念与态度，才有可能主动形成有益于健康的行为，改变危害健康的行为。其模式为

信息→知→信→行→增进健康

以酗酒为例，健康教育工作者通过多种方法和途径把酗酒有害健康、酗酒引发的疾病以及与酗酒有关的死亡数字等知识传授给群众；群众接受知识，通过思考，加强了保护自己健康的责任，在头脑中形成信念；在信念支配下，改变不良的酗酒习惯，逐步建立起不酗酒的健康行为模式，其模式为

知道“酗酒危害健康”→确信“不酗酒有益于健康”→决心戒酒→戒酒

2. 健康信念模式　是运用社会心理方法解释健康相关行为的理论模式，该模式认为人们要采取某种促进健康行为或戒除某种危害健康的行为，其核心为感知威胁和知觉益处。必须具备

以下三方面的认识：

（1）对疾病易感性和严重性的感知：对疾病易感性、严重性的感知程度越高，促使人们产生行为动机的可能性就越大。

（2）感知健康行为的益处和采纳健康行为的障碍：当人们能够认识到采纳健康行为的益处或认为益处很多时，会更有可能采纳健康行为；个体感觉到的障碍越多，采纳健康行为的阻碍性越大，只有对这些障碍具有足够认识时，才能使行为维持和巩固。

（3）自我效能：指个体对自己有能力控制内、外因素而成功采纳健康行为并取得预期结果的自信心。

综上所述，健康信念模式在采取促进健康行为、放弃危害健康行为的实践中，应遵循以下步骤：首先，充分让人们对其危害健康行为感到害怕；其次，让他们坚信，一旦放弃这种危害健康行为及采取相应的促进健康行为会得到有价值的结果，同时也清醒地认识到行为改变过程中可能出现的障碍；最后，使他们充满改变行为的信心。

四、社区健康教育的步骤

社区健康教育是有目的、有计划、有组织的教育干预活动，其基本步骤与社区护理程序相似，即社区健康教育的评估、社区健康教育目标的确定、社区健康教育计划的制定、社区健康教育计划的实施及社区健康教育效果的评价。

（一）社区健康教育的评估

评估是社区健康教育工作的第一步。社区健康教育评估是社区健康教育者通过各种方式收集有关健康教育对象的资料，了解教育对象对健康教育的需求，为开展健康教育提供依据。

1．评估教育对象的需求　收集健康教育对象的一般情况、生理状况、心理状况、生活方式、学习能力、医疗卫生服务资源六个方面的资料，以确定教育对象的健康需求。

常用的评估方法有直接评估和间接评估。直接评估包括观察、焦点人物访谈、问卷调查、召开座谈会等方法；间接评估包括分析文献、查阅有关档案资料、询问亲朋好友、开展流行病学调查等方法。

2．确定健康教育需求的优先次序　根据健康教育需求的紧迫性、有效性与可行性排列优先次序，在此基础上确定健康教育需求方面的诊断。

3．确定教育对象的学习方式　健康教育者应根据教育对象的学习能力以及各种影响因素来确定学习方式，如文化程度、学习经历、学习愿望或态度等。

（二）社区健康教育目标的确定

健康教育目标包括总体目标和具体目标。

1．总体目标　指在执行某项计划后预期达到的最终理想结果，具有宏观性、远期性，给计划提供一个总体上的努力方向。

2．具体目标　是为实现总体目标而设计的具体、明确、可操作、可测量的指标。具体目标必须回答4个“W”和2个“H”。

who—目标人群

what—实现什么变化（知识、信念、行为、发病率等）

when—实现变化的期限

where—实现变化的范围

how much—变化的程度

how to measure—变化测量的方法

具体目标包括教育目标、行为目标和健康目标。教育目标（为实现行为改变所必须具备的知识、态度、信念、价值观及个人技巧等）反映的是近期干预效果；行为目标（干预对象行为变化的指标）反映的是中期干预效果；健康目标（干预对象健康状况、生活质量变化的指标）反映的是远期干预效果。

（三）社区健康教育计划的制定

健康教育者应以教育对象为中心，与其他社区医护人员及教育对象共同磋商制定。社区健康教育计划的内容包括以下 7 个方面。

1. 确定教育内容　计划中的教育内容应针对目标人群的知识水平、接受能力、项目的目的和要求来确定。

2. 选择教育材料　健康教育材料主要有视听材料和印刷材料两大类。

3. 确定教育方法　健康教育方法分为信息传播类、行为干预类和社区组织方法三大类。不管采用哪一种方法，必须考虑教育方法的可接受性、简便性、经济性及效果。

4. 教育工作者的组织与培训　确定组织网络和执行人员、做好培训是执行计划的组织保证。对参与的教育工作者根据其担任的不同任务进行培训，确保良好效果。

5. 安排项目活动日程　科学合理地安排项目活动日程。

6. 设计监测与评价方案　在项目的设计阶段就要考虑评价问题。对监测与评价的活动指标、方法、工具、时间、监测与评价负责人等作出明确的规定。

7. 项目经费预算　根据项目的活动，分别测算出每项活动所需费用，然后汇总、列出整个项目的预算。

（四）社区健康教育计划的实施

社区健康教育的实施是为达到预期目标而将计划中的各项措施付诸行动的过程。在具体实施过程中应注意以下几点：

1. 开发领导层，争取基层领导及管理者的支持。

2. 协调社会各方力量，创造有利于执行计划的良好内、外环境。

3. 认真做好健康教育者的培训。

4. 培养典型，以点带面，全面推进。

5. 重视反馈、评价、总结，完善教育内容，创新教育形式和方法。

（五）社区健康教育效果的评价

社区健康教育效果的评价是对社区健康教育活动进行全面的监测、核查和控制，是保证社区健康教育计划设计、实施成功的关键性措施，评价贯穿教育活动的全过程。

1. 评价种类　评价分为即时评价、过程评价、效果评价和总结评价四类。

（1）即时评价：是指在进行健康教育活动的过程中，随时反馈并评价教育效果，如群体参与度、时间、场所安排是否合理，以及影响效果的其他因素。

（2）过程评价：是指评估计划实施过程中，各项活动是否能按照计划要求分阶段有序进行，即对各项活动的跟踪过程。

（3）效果评价：是在计划实施后对教育活动的作用和效果进行全面检查、评估和总结，确定干预的效果，包括近期、中期、远期效果评价。近期效果评价主要是对知识、信念、态度、技能的变化进行评价；中期效果评价是对目标人群行为变化进行评价；远期效果评价则是对目标人群的健康状况、生活质量变化进行评价。

（4）总结评价：是综合即时评价、过程评价、效果评价及各方面资料所做出的总结性概括。总结评价从计划的成本－效益、各项活动的完成情况作出判断，以及做出该计划是否有必要重复或扩大或终止的决定。

2. 评价方法　常用的评价方法有观察、家庭访谈、会谈法、问卷调查、卫生学调查、卫生知识小测验及卫生统计方法等。

3. 评价指标

（1）反映个体或人群卫生知识水平的指标

卫生知识普及率＝（社区内已达卫生知识普及要求人数 / 社区总人数）×100%

知识知晓率＝（调查中对某种卫生知识回答正确人数 / 调查总人数）×100%

（2）反映社区健康教育工作的指标

社区健康教育覆盖率＝（社区内接受健康教育人数 / 社区总人数）×100%

（3）反映个体或人群卫生习惯或卫生行为形成情况的指标

健康行为形成率＝（调查中形成某种行为的人数 / 调查总人数）×100%

（4）反映人群健康状况的指标：发病率、患病率、死亡率、平均期望寿命及少年儿童生长发育指标等。

第 2 节　社区健康促进

一、概　　述

（一）健康促进的概念

健康促进是促进人们维护、控制和改善自身健康的过程，是协调人类与环境之间的战略。健康促进的基本内涵包含了个人行为改变与政府行为改变两个方面，并重视发展个人、家庭和社会对健康价值选择的潜能，随着发展不断完善，它规定了个人与社会对健康所负的责任。

（二）社区健康促进的概念

社区健康促进是指以社区为基本单位，通过社区健康教育、创造和改善环境，促进社区居民改变不良行为和生活方式，降低社区的发病率和死亡率，提高居民的生活质量和健康水平。

（三）健康教育与健康促进的区别及联系

1. 健康教育与健康促进的区别　两者各有自己的工作目标，互相不能等同，也不能相互代替，见表 8-1。

表 8-1　健康教育与健康促进的区别

项目	健康教育	健康促进
主体	医护人员	政府或政策制定者
目的	改变行为	改进预防性卫生服务，创造支持环境
核心	行为干预	社会的健康目标转化为社会的健康行动
方法	传播结合教育	健康教育、社会支持

2. 健康教育与健康促进的联系　社区健康教育与健康促进相辅相成，联系紧密，但二者不

能等同。

（1）健康教育要求人们通过自身认知、态度、价值观和技能的改变而自觉采取有益于健康的行为和生活方式。因此，从原则上讲，健康教育最适用于改变自身因素即可改变行为的人群；而健康促进是在组织、政策、经济、法律上提供支持环境，它对行为改变有支持性或约束性。

（2）健康教育作为健康促进的重要组成部分，与健康促进一样，不仅涉及整个人群，而且涉及人们社会生活的各个方面。

（3）健康教育是健康促进的核心，健康促进需要健康教育的推动和落实，营造健康促进的氛围。若没有健康教育，健康促进就缺乏基础；而健康教育必须有环境、政策的支持，才能逐步向健康促进发展，否则其作用会受到极大的限制。

（4）与健康教育相比，健康促进融客观支持与主观参与于一体。健康促进包括健康教育和环境支持，健康教育是个人与群体的知识、信念和行为的改变。

二、健康促进的活动领域

（一）制定促进健康的公共政策

健康促进的含义远远超出卫生保健的范畴，公共政策的制定不仅是卫生部门的事情，而且还需要各级政府部门和组织的联合参与。只有制定健康的公共政策，才能促使全社会作出有利于健康的行动。

（二）创造支持性环境

健康促进在于创造一种健康、安全、舒适和愉悦的生活和工作环境，通过营造优良的自然环境及和谐的生活环境，达到促进居民健康的目的。

（三）强化社区活动

充分发挥社区各级力量，使社区人民积极有效地参与卫生保健计划的制定、执行与评价，挖掘社区资源，帮助社区居民认识自己的健康问题，并且提出解决问题的办法。

（四）发展个人技能

健康促进通过提供各种健康信息，使人们不断地掌握保健知识和技能，更有效地维护自身的生存环境和健康，正确面对和处理自身可能存在的健康问题。

（五）调整卫生服务方向

要求个人、家庭、社区团体、卫生保健机构、政府及各行业组织共同承担，共建一个有利于促进健康的卫生保健体系和社会保障体系。

三、健康促进的主要内容

（一）健康教育

健康教育在健康促进中起主导作用。通过传授健康知识，提高健康意识，有准备地应对人生不同时期可能出现的健康问题，促进人们自觉改变不健康行为和生活方式，从而提高健康水平和生活质量。

（二）健康保护

通过制定促进健康有关的政策、法规等社会措施，消除和控制环境中危害健康的因素，保护个体和群体免受环境的伤害，形成有利于健康的环境。

（三）预防性卫生服务

通过提供疾病预防、健康保护的各种支持与服务，防止疾病的发生。

四、社区常见的健康促进活动

（一）全民健身运动

设置体育锻炼场所，配备健身器材，指导社区居民掌握科学锻炼方法。开展形式多样的体育比赛，调动社区居民参与的积极性，从而提高社区居民的身体素质和生活质量。

（二）食品安全与健康饮食

普及安全饮用水、食品安全和营养知识，加强对幼儿园、学校、医院及集体用餐单位的营养知识和食品安全知识培训；通过健康教育，普及健康饮食和营养保健知识，加强体育锻炼。

（三）控烟限酒

制定公共场所控制吸烟规定，开展吸烟危害健康、控制吸烟的健康教育，树立控烟意识，养成不在公共场所吸烟的习惯。

（四）慢性病防治

冠心病、高血压、糖尿病等慢性疾病已成为威胁人类健康的主要疾病，这些疾病与人们的行为和生活方式密切相关。开展对高危人群的监测、诊断、治疗和护理是有效降低慢性病危险性的健康促进活动。

自测题

选择题

A_1/A_2 型题

1. 健康教育的目的是（　　）
   A. 增进个人和群体的健康意识
   B. 采取行动提高或维护健康
   C. 预防非正常死亡、疾病和残疾的发生
   D. 改善人际关系，预防生理疾病的发生
   E. 以上均是
2. 健康教育的核心问题是改变个体和群体的（　　）
   A. 知识　B. 态度
   C. 行为　D. 价值观
   E. 信念
3. 以测量血压为最主要健康教育内容的最佳方法是（　　）
   A. 专题讲座　B. 印刷手册
   C. 交谈　D. 演示
   E. 板报
4. 下列哪项不是危害健康的行为（　　）
   A. 致病性行为　B. 不良生活习惯
   C. 违规行为　D. 不良疾病行为
   E. 预警行为
5. 驾车时使用安全带属于促进健康行为中的（　　）
   A. 基本健康行为　B. 预警行为
   C. 保健行为　D. 避开环境危害行为
   E. 戒除不良嗜好行为
6. 一项对控制吸烟的干预研究中，对于观看录像的参与人数的评估属于（　　）
   A. 即时评价　B. 过程评价
   C. 近期效果评价　D. 远期效果评价
   E. 结局评价
7. 健康促进的基本内涵包括（　　）
   A. 个人行为改变　B. 集体行为改变
   C. 政府行为改变　D. 个人及政府行为改变
   E. 某一特征人群的行为改变
8. 下列不属于健康促进内容的是（　　）
   A. 制定促进健康公共政策
   B. 创造支持性环境
   C. 增加医药费用的投资
   D. 发展个人技能
   E. 调整卫生服务方向

9. 关于健康教育和健康促进，以下叙述不正确的是（　　）
A. 健康教育活动是有组织、有系统和有评价的活动
B. 健康教育着重于健康知识的传播，一般不重视人们行为的改变
C. 健康促进是指一切能促使行为和生活方式朝着有益于健康方向改变的教育与支持环境的综合体
D. 健康促进要以健康教育为先导，否则就缺乏基础，而健康教育如不向健康促进发展，其作用就会受到极大限制
E. 以上都不正确

10. 健康教育人员在某城区一育龄妇女及其丈夫的群体中，讲授计划生育对个人、家庭、国家的意义，并给予避孕方法的指导，提供避孕工具，结果大部分妇女都自愿实行避孕，也有少部分人不执行，有关方面按政策对不执行者进行一定的处罚，整个过程实际是（　　）
A. 健康指导与行为改变过程
B. 心理咨询与个别访谈过程
C. 全科医疗与卫生服务过程
D. 健康教育与健康促进过程
E. 宣传教育与卫生保健过程

（李丽仙）

第9章 社区康复护理与管理

1994年世界卫生组织、联合国教科文组织、国际劳工组织联合发表的《关于残疾人社区康复的联合意见书》对社区康复（community-based rehabilitation，CBR）的定义是："社区康复是社区发展计划中的一项康复策略，其目的是使所有残疾人享有康复服务，实现机会均等、充分参与的目标。社区康复的实施要依靠残疾人、残疾人亲友、残疾人所在的社区以及卫生、教育、劳动就业、社会保障等相关部门的共同努力。"

第1节 概 述

案例 9-1 患者，男，80岁。既往有高血压病史。1个月前在家中晕倒，即被送入医院治疗，医生诊断为脑卒中。现患者病情稳定，已出院回家，但因左侧肢体偏瘫和失语症，需到社区医院进行康复训练。

问题： 1. 患者现在处于脑卒中的哪一期？

2. 社区护士应指导患者进行哪些肢体活动？

3. 怎样进行语言训练的护理？

在我国，社区康复是指依靠社区本身的人力资源，建设一个由社区领导、卫生人员、民政人员、志愿人员、社团、残疾者本人及其家属共同参加的社区康复系统。它是以三级卫生网络为依托，以家庭为单位，以个人为主要服务对象，在社区进行的残疾普查、预防和康复工作的全程康复服务。社区康复的目的是尽量减少因病、伤、残带来的后果，最大限度地恢复病、伤、残者的功能和能力，增强其生活自理能力和参与社会生活的能力。

一、社区康复护理的概念

社区康复护理是指利用社区的人力、物力及技术资源，以社区和家庭为场所，向社区内的病伤残者提供康复护理服务，在社区康复过程中，护士根据总的康复医疗计划，在康复治疗师的指导下，应用整体护理服务理念，围绕全面康复目标，针对病、伤、残者的整体进行生理、心理、社会诸多方面的基础护理和各种专门的功能训练与康复指导，使他们自觉地坚持康复锻炼，减少残疾的影响，预防继发性残疾，尽可能恢复生理功能和生活能力，实现残疾人的全面康复和回归社会。

二、社区康复护理的对象

社区康复护理以社区内慢性病患者、疾病恢复期患者、老年人、残疾所致的身心功能障碍以致影响正常生活、工作和学习者为服务对象。

1. 慢性疾病患者　由于骨关节炎、原发性高血压、糖尿病及冠心病等慢性病引起的各种身心功能障碍者。

2. 疾病恢复期患者　社区中常见的疾病恢复期患者是脑卒中恢复期患者、脊髓损伤恢复期患者，多是出院后或门诊康复后仍需继续康复者。

3. 老年人　一方面，由于人体进入老年期后，自身生理功能退化，出现耳目失聪、痴呆、行动不便等生理变化；另一方面，则是由于疾病，特别是冠心病、高血压、慢性骨关节疾病引起的功能障碍而致残疾。老年残疾人，在生活自理、经济收入、参与家庭和社会生活等方面存在着不同程度的康复需求。

4. 残疾人　指生理、心理、人体结构上及某种组织不同程度的功能丧失或者不正常，造成部分或全部失去正常人的功能或失去社会生活能力的人。

（考点：社区康复护理的对象）

三、社区康复护理的内容

1. 对社区康复对象及其康复状况进行全面评估　普查本社区残疾人员和分布情况并登记；进行残疾总数、分类、原因等的统计分析，为制定预防和康复计划提供资料。

2. 康复训练　调节康复对象的心理状态，恢复和改善存在的功能障碍，是社区康复护理的内容之一。

3. 预防并发症　在加强康复护理的同时，还应采取相应的措施预防和治疗并发症。

4. 心理护理　残疾者的心理障碍一般比较严重，从而影响其健康状况及康复训练的进行。在进行各项康复护理的同时，社区护士必须进行耐心细致的心理护理，使病伤残者达到心理康复。

5. 健康教育　社区护士应对病伤残者进行有关自我护理及康复训练的指导和教育，从而充分调动病伤残者的积极性，发挥其主动性。

6. 独立生活指导　为社区残疾者提供有关残疾人独立生活的咨询、服务和指导等。

7. 对家庭、社区有关部门进行协调工作。

（考点：社区康复护理的内容）

链　接

残 疾 分 类

WHO 按残疾性质、程度和影响，把残疾分为 3 类：①残损；②残疾；③残障。

1. 残损　身体组织结构或功能有一定程度缺损，对独立生活、学习、工作有一定影响，但个人生活能自理。是生物器官系统水平上的残疾。例如脑卒中出现一侧肢体肌力弱，但能行走，生活能自理，属于残损。

2. 残疾　身体组织结构或功能缺损严重，身体、精神或智力严重障碍，生活活动能力受限。是个体水平上的残疾。例如脑卒中后遗症出现偏瘫，行走、ADL 等有困难者，属残疾。

3. 残障　因残损或残疾导致完全不能参加社会工作，生活不能自理，是社会水平的残疾。例如脑卒中后遗症出现全瘫，属残障。

第 2 节　社区康复护理常用的技术和方法

（一）日常生活活动能力训练

日常生活活动能力训练是为了维持生存及适应生存环境，提高生活自理能力而进行的一系列的训练活动。包括运动方面的床上运动、轮椅上运动和转移、借助设备行走、上下楼梯、交通工具的使用等；自理方面的进食、更衣、如厕、洗漱、修饰等；交流方面的打电话、使用电器、书写、阅读、交谈、外出活动等；家务劳动方面的室内清洁、家用电器使用、厨房活动、照料他人等的训练。

（二）物理疗法

物理疗法是应用自然界及人工制造的各种物理因素预防和治疗伤病的一种治疗方法。它可预防和减少手术后并发症、后遗症、功能障碍、残疾的发生；预防老年慢性心肺疾病的发生、发展；预防和治疗褥疮；解除或减轻病变所产生的疼痛；改善关节功能等。常用的有光疗法、电疗法、超声波疗法、磁疗法、水疗法。

（三）运动疗法

运动疗法是根据疾病特点和患者的功能情况，结合使用训练器械和设备，选用合适的功能活动和运动方法对患者进行训练，以防治疾病、促进身心功能恢复的一种治疗方法。运动疗法可加强中枢神经系统、内分泌和代谢功能的调节，提高心血管和呼吸系统的功能，达到强化功能、促进肢体康复、改善精神和心理状态的作用。

1．运动疗法基本分类　分为被动运动和主动运动两大类。

（1）主动运动常用方法有各种体操、器械练习、下垂摆动练习、悬挂练习等。助力运动有器械练习和悬吊练习。

（2）被动运动包括关节松动术和关节牵引术。

2．运动疗法的禁忌证　疾病急性期、发热、严重衰弱、有出血倾向性疾病、运动中可能产生严重并发症。

（四）作业疗法

作业疗法是为恢复患者功能的一种治疗方法，主要适用于日常生活活动功能障碍、上肢精细功能障碍和认知功能障碍的患者。是有目的、有针对性地从日常活动、职业劳动、认知活动中选择一些作业活动，对患者进行训练，以缓解症状和改善功能。以消除病态、保持健康，增强患者参与社会、适应环境、创造生活的能力。

常用的训练内容：家务活动训练、日常生活行动训练（穿脱衣、吃饭、移动、个人卫生等）、职业性劳动训练（木工、黏土作业训练）、手工艺作业（编绳、绘画、剪纸、智力拼图）、文娱疗法、假肢穿戴后的活动训练等。

（五）按摩疗法

按摩疗法是康复治疗者用手、肘、膝、足或器械等在人体体表施行各种手法来防治疾病的一种方法。通过按摩，调整神经系统和内脏功能，改善循环、松解粘连和挛缩的组织、改善肌肉功能状态等。

（六）针灸疗法

针灸疗法是利用针刺或艾灸刺激人体的穴位，发经络之气，调节脏腑气血功能，从而达到防治疾病，使机体康复的一种方法。

（七）语言疗法

语言疗法是对有语言障碍者进行矫治，以恢复或改善其言语能力的治疗方法。采用的方法有发音器官的训练，如伸舌、卷舌、鼓腮、吹口哨等；另外还有构音练习、模仿练习、朗读、会话练习等。

(八)呼吸功能训练

呼吸功能训练是指通过各种控制性技术来纠正患者的异常呼吸模式，降低呼吸做功，提高肺泡通气量，从而改善呼吸功能的治疗方法。有效的呼吸功能训练能增大换气量；增强耐久力，促进肺内分泌物的排出；改善脊柱和胸廓的活动状态，维持正确姿势。常用的呼吸运动有腹式呼吸、缩唇呼吸和深呼吸。

1. 腹式呼吸的注意事项　吸气时避免背部过伸；避免单纯活动腹部；放松上胸部；避免过度换气；鼓励患者利用膈肌运动进行呼吸；指导患者在呼吸困难时，应用膈肌呼吸进行自我调整；严重慢性阻塞性肺气肿患者，膈肌呼吸方式应慎用。

2. 缩唇呼吸的注意事项　吸气与呼气比为1 ∶ 2；避免用力呼气，使胸腔内压增高，从而导致气道过早闭合。

(九)心理疗法

心理疗法，又称精神疗法，是一种心理调整和干预，以求达到改变人们行为、思想和情感的方法。常用的有支持性心理疗法、暗示和催眠疗法、行为治疗(条件反射疗法)和认知疗法。

1. 支持性心理治疗　是医务人员用治疗性语言，如劝导、启发、鼓励、积极暗示等方法，帮助患者表述情感和自己的认知问题，消除疑虑，增强康复信心。

2. 暗示和催眠疗法　是指利用语言或非语言的手段，引导求治者顺从、被动地接受医生的意见，从而达到某种治疗目的的一种心理治疗方法。

3. 行为治疗　系统脱敏法、厌恶疗法、行为塑造法、代币制疗法、暴露疗法和松弛反应训练。

4. 认知疗法　是一组通过改变思维和行为的方法来改变不良认知，达到消除不良情绪和行为的短程的心理治疗方法。

第3节　常见伤残患者的社区康复护理

一、脑卒中患者的社区康复护理

(一)概念

脑卒中是一组急性脑血管病的总称，按其病理机制和过程可分为缺血性卒中和出血性卒中，前者又称脑梗死，包括脑血栓形成和脑栓塞；后者包括脑出血和蛛网膜下腔出血。

(二)临床特点

突然发病，疾病与障碍并存，常见功能障碍为偏身感觉障碍、运动障碍、偏盲，可合并吞咽功能障碍、交流功能障碍、认知功能障碍、心理障碍及肩部问题和二便问题等，严重者可以出现四肢瘫痪、昏迷甚至死亡。

(三)康复时间

脑卒中运动功能的恢复可在发病后数日开始，1～3个月内可达最大程度恢复，最好在发病14天内开始康复训练，即患者意识清醒，无进行性卒中表现，生命体征稳定便可进行康复训练，应按照人类运动发育时的规律，由简到繁，由易到难，顺序进行，康复活动时间一般不应少于45天。

对脑卒中患者的社区康复护理主要包括脑卒中急性期(软瘫期)、恢复期和其后遗症的社区康复护理措施。

（四）功能锻炼及康复指导

1. 急性期（软瘫期） 发病且病情稳定后1～2周内，早期康复介入以预防失用；从床上的被动性活动尽快过渡到主动性活动；预防合并症和并发症。

（1）肢体摆放和体位转换

1）仰卧位：双足紧蹬足底板防止足下垂，臀部外侧垫小枕防髋关节外旋畸形，两膝部及髋关节置伸位，防止关节屈曲性挛缩，肩部外展90º，肘伸直或弯曲，腕伸直，手指与指间关节部分屈曲，拇指外展，如握小布卷，保持腕关节及手的功能位置。

2）患侧卧位：患侧在下，健侧在上，后背用枕头支撑；患臂前伸，前臂外旋，指关节伸展，掌面朝上；患侧髋关节略后伸展，膝关节微屈；健腿屈曲向前置于体前支撑枕上，健侧上肢放在身体上或身后枕头上，避免放在身前，有助于防治痉挛。

3）健侧卧位：患侧躯干前方及后方各置一软枕以保持躯干完全健卧而非半俯卧位，患者上肢充分前伸，肩关节屈曲100° 左右，患者上肢下方垫一高枕，手心向下，五指伸直，患者下肢膝关节屈曲，下方垫软枕，为防止踝关节出现内翻，软枕必须垫至足部以下，健侧上肢取自然舒适位，健侧下肢膝关节屈曲，自然放置。

4）体位变换：每2小时翻身一次，患者掌握翻身要领后，由其主动完成。以此促进全身血液循环和增进感觉输入；预防压疮和肺炎、尿路感染、关节变形、肢体挛缩、肌肉萎缩等并发症。不断变化体位可使肢体的屈伸肌张力达到平衡，预防痉挛模式出现。为增加偏瘫侧的感觉刺激，多主张偏瘫侧卧位。

（2）偏瘫肢体被动活动顺序由近端关节到远端关节，一般每日2～3次，每次5分钟以上，直至偏瘫肢体主动活动恢复。同时，嘱患者头转向偏瘫侧，通过视觉反馈和治疗师言语刺激，有助于患者的主动参与。在被动活动肩关节时，偏瘫侧肱骨应呈外旋位，即手掌向上（仰卧位），以防肩部软组织损伤产生肩痛。

（3）床上活动

1）患侧拇指置于健侧拇指之上进行双手叉握上举运动即巴氏握手。

2）翻身

A. 向偏瘫侧翻身呈偏瘫侧卧位：患侧拇指置于健侧拇指之上进行双手叉握伸肘，肩前屈90°，健侧下肢屈膝屈髋、足踩在床面上，头转向偏瘫侧，健侧上肢带动偏瘫侧上肢向偏瘫侧转动，并带动躯干向偏瘫侧转，同时健足踏在床面，用力使得骨盆和下肢转向偏瘫侧。

B. 向健侧翻身呈健侧侧卧位：双手交叉，患侧拇指置于健侧拇指之上、屈膝；健腿插入患腿下方；交叉双手伸直举向上方，帮助转动肩胛、骨盆。

3）桥式运动（仰卧位屈髋、屈膝、挺腹运动）：仰卧位，上肢放于体侧，双下肢屈髋屈膝，足平踏于床面，伸髋使臀部抬离床面，维持一姿势并酌情持续5～10秒。

4）早期坐位训练、坐位耐力训练、坐起训练：患者病情稳定，可以进行由卧位转入坐位训练。患者卧床许多天要有一个适应过程，坐位训练要逐步进行。训练步骤：先抬高床头30°，坐10分钟，无头晕、心慌，再从45°至90°，时间30分钟至1小时，角度逐渐增加，以防直立性低血压。在床上能平坐后，再进行端坐位平衡训练。

2. 恢复期 一般为病后2周至2～3个月，这一期应做主动训练，先在他人帮助下，然后循序渐进地自我进行，护士应密切观察血压、心率和呼吸情况，指导坐位平衡训练、站立训练、行走训练；支具及辅助步行器的应用训练；日常生活活动能力训练（清理、移动、更衣、上厕所动作训练）。根据患者情况及时调整康复计划，及时评估训练效果。

（1）坐位平衡训练：为保持身体的平衡，应先用靠背架支撑或端坐在靠背椅上，坐稳后可左右、前后轻推，训练平衡力。

（2）站立训练：能自行坐稳，下肢肌力允许时，可进行起立动作及立位的训练。瘫痪患者训练站立，应先将重心放在健肢上，两脚分开 30cm，站稳后再试将重心移向患肢，作轮流负重训练。转换重力方向时要注意安全，防止摔倒等。可给予单拐或双拐。

（3）从坐位到立位的康复训练

1）以健手支撑床面，转移到床边双脚摆正位置，双手十指交叉（患肢大拇指在最上面）前举并弯腰，将身体前倾，利用重心的前移，抬臀而使身体直立。

2）在患者腰间系一宽的布带子，护士站在患者对面，嘱患者以健手搂住护士颈部，由护士用双手提拉患者腰间宽带而拉起成立位。

（4）行走训练：指导和纠正患者不正确的体姿和步态，要嘱患者在步行训练中抬头向前看，保持身体平衡。步行训练时患者腰间系宽布带，护士牵拉布带既可保障安全，又可协助患者起立行走训练。初期步行训练可在步行平衡双杠中进行，可纠正足下垂和足内翻。训练时不可强行牵拉患侧肢体，避免造成二次损伤。

1）扶持行走训练：在患侧扶持，也可在患者腰间系带子便于扶持，不限制患者双腿的活动。

2）独立行走训练：先将双膝保持平衡状态，行走时，一脚迈出，身体倾斜，重心转移到对侧下肢，两脚交替迈出，整个身体前进。可利用平衡杠练习站立和行走。

3）拐杖行走训练：双拐杖置足趾前外侧 15～20cm，屈肘 20°～30°，上肢肌力落在拐杖的横把上。双拐置于两腿前方，向前行走时，提起双拐于更前方，将自身重心置于双拐上，用腰部力量摆动向前。

单拐行走训练步骤：健侧臂持拐行走时，拐杖与患侧下肢同时向前，继之健侧下肢和另一侧摆动向前。或拐杖先行，然后移患侧腿，再移动健侧腿。

（5）上下楼梯训练

1）扶栏上下楼梯：上楼梯时健手扶栏，用健足踏上一级，再将患肢踏上与健侧并行；下楼时健侧扶栏，患足先下一级，然后健足后下与患足并行。

2）拐杖上下楼梯：上楼时手杖立于上一级台阶，健肢先上一级台阶，患肢跟上与健肢并行。下楼梯时手杖立在下一级台阶，患侧先下，健肢后下与患足并行。

（6）日常言语训练的护理：鼓励患者开口讲话，一有进步就予以表扬，以增强其信心。与失语症患者谈话时速度要慢，力求简练、通俗、易懂；患者听不懂时要耐心地指导；患者不能回答问题时，可用点头、摇头回答；患者谈话时要认真听，并及时点头反馈，以示鼓励，必要时可配合手势、实物或图片以促进理解。

（7）日常生活活动能力训练

1）饮食训练：进餐的体位训练、抓握餐具训练、进食动作训练、咀嚼和吞咽训练。评估患者吞咽障碍的程度，鼓励能吞咽的患者进食，进食高蛋白、高维生素的食物，选择较软、半流质或糊状、胶冻状的黏稠食物，避免粗糙、干硬、辛辣等刺激性食物。进食前应注意休息，少食多餐；给患者提供充足的进餐时间，如有食物滞留于口腔者，鼓励患者利用舌的运动将食物后送以利吞咽；进食后保持坐立位 30～60 分钟，防止食物反流。患者吞咽困难、不能进食时给予营养支持，遵医嘱留置胃管鼻饲，并做好留置胃管的护理。

2）更衣训练原则：穿裤子取坐位，下肢穿好后再取卧位，抬高臀部将裤子穿上；穿衣服时先穿患肢，脱衣服时先脱健肢。

3）个人卫生训练：洗漱动作、排便活动、入浴活动，偏瘫者可用健侧肢体代替患侧肢体操作，继之训练患侧手操作。

3. 后遗症期 一般在1年后（言语和认知功能的恢复可能需要一两年），特别对于上肢的康复有70%恢复不到可以实际使用的水平。指导患者坚持康复训练，持之以恒，循序渐进，避免失用综合征及误用综合征。

4. 并发症的护理

（1）肩关节半脱位：卒中后早期就应预防患肢肩关节半脱位的发生，在卧坐站等体位中均应注意保持肩胛骨的正确位置，如患侧卧位、仰卧位时，垫软枕于肩背部，使肩前屈，坐位时，将患肢放于前方桌面上，立位时使用肩吊带或三角巾等，治疗中不要牵拉患肩，同时加强刺激肩关节周围起稳定作用的肌肉，促进其功能的恢复。

（2）肩痛和肩手综合征：尽量避免可引起水肿的活动，如保持良肢位抬高患肢，注意训练强度，尽可能不用患手输液，预防外伤等，并使用患肢向心性压缠绷带或应用充气夹板、冰疗等物理治疗，加强患肢主动和被动活动等。

（3）关节挛缩：脑卒中偏瘫患者因瘫痪、运动过少，常可出现肢体关节的挛缩、强直。早期应对患者进行体位改变、正确摆放肢体及关节活动的护理与训练。产生关节挛缩后，可进行相应关节的被动活动、牵张训练。也可辅以水疗、热疗等方法，或借助矫形器具进行治疗。

（4）失用性骨质疏松：长期卧床，因缺乏负重及肌肉活动等刺激可致骨质脱钙，造成骨质疏松，预防骨质疏松发生可采用负重站立训练。如患者不能进行自行站立，可用倾斜站立床帮助站立，并根据患者情况逐步增加倾斜角度，每次站立30分钟以上。

5. 健康教育

（1）积极治疗原发性高血压、动脉硬化、高脂血症、糖尿病、短暂性脑缺血发作及有关的心脏病等。

（2）养成良好的生活方式：主要为戒烟、节酒、减肥（控制体重）、合理饮食、适当运动、注意精神卫生等。

（3）对预防脑卒中复发，除上述措施外，还要强调松弛治疗、保持情绪平稳以及注意安全保护，防止跌倒等。

（4）良肢位保持：应于发病后立即进行。中枢神经受损后，呈现出脑受损的特定痉挛模式，可用枕头、足托等支架使患者在床上处于正确的卧位，保持关节良好的功能位置，避免半卧位，禁止拖拉患侧肢体。

（5）用肩托托起患侧肢体，确保患侧的手不受压和悬垂，预防肩痛和肩手综合征。

（6）督促指导患者完成各项功能训练，训练应循序渐进、持之以恒，尽量恢复患侧的功能，保存非患侧的功能。

（7）教育患者正确对待疾病及其残疾，积极治疗，对功能障碍要尽早进行康复治疗，防止误用综合征，还要认识到后遗症的康复是一个长期的过程，要进行维持性训练以防功能退步。对长期卧床的患者，要教会家属正确的护理方法，以防压疮、感染等合并症及失用综合征。

（8）按时服药，坚持训练，定期到医院检查，以获得治疗和训练的指导。

（考点：脑卒中患者的功能锻炼及康复指导）

二、常见骨与关节疾病的社区康复护理

（一）腰椎间盘突出症

腰椎间盘突出症多表现为下腰痛。腰痛是腰椎间盘突出症最先出现、最常见的症状。

康复指导：

（1）症状初步减退时宜尽早开始卧位腰腹肌运动，避免腰椎明显屈曲 / 过伸动作。

（2）症状好转作进一步的腰腹肌训练时，腰腹肌要同时训练以求平衡增强，每天 1 次，至少坚持 3 个月。

（二）颈椎病

颈椎病是一种进展缓慢的颈椎退行性疾病，多见于中老年人。病型可分为神经根型、脊髓型、椎动脉型、交感型和混合型。在颈椎病中发病率最高的是神经根型。

康复指导：

（1）定期改变头颈部的体位。

（2）定期远眺，消除眼睛疲劳。

（3）调整工作台面的高度与倾斜度，以保持头、颈、胸正常的生理曲线。

（4）开展工间活动以避免长时间固定于一种姿势，至少每 2 小时全身活动 5 分钟。

（三）肩关节周围炎

肩关节周围炎是由于肩关节的关节囊、肩周肌、肌腱和滑囊有慢性、损伤型无菌性炎症，导致关节周围软组织发生退行性变和粘连，引起活动时疼痛和活动障碍，又称为“五十肩”。其临床表现以疼痛与功能障碍为主要特征。早期肩周炎的主要功能障碍是因肩关节疼痛而致活动范围受限，最终致冻肩。ROM（关节活动度）测定是肩关节周围炎功能评定的首要方法。

康复指导：

（1）良肢位：选择 10～12cm 高、40～60cm 长的软枕；尽量避免侧卧位和俯卧位。

（2）缓解疼痛：选用甾体类药物、中药、物理治疗和推拿等。

（3）功能训练：下垂摆动练习，爬墙和梳头练习，滑车带臂上举练习，站立牵拉和展翅练习，头枕双手练习、肩部治疗性锻炼。

（四）骨折

骨折是指骨的完整性和连续性中断。骨折的愈合分为血肿机化期、原始骨痂形成期、骨痂改造塑型期三个阶段。骨折患者应尽早进行功能锻炼。

康复指导：

（1）尽可能缩小肢体制动范围和缩短制动时间。

（2）循序渐进，做到活动范围由小到大、活动时间由短到长、活动强度由弱到强。

（3）以恢复肢体生理功能为中心，上肢功能训练主要恢复手的功能，下肢功能训练主要恢复负重行走能力。

（4）功能锻炼不能妨碍骨折固定和愈合，活动强度应不引起骨折处疼痛和患者疲劳。

（5）关节活动应先恢复关节活动范围和幅度，在关节活动没有阻碍时进行关节协调性、灵敏性和速度等训练。

（6）因骨折疼痛影响功能锻炼者应及时给予镇痛药物，或在理疗后进行功能锻炼。

（考点：骨与关节疾病的功能锻炼及康复指导）

自测题

一、选择题

A_1/A_2 型题

1. 脑卒中患者预防压疮和肺部感染的主要护理方法是（ ）
   A. 站立位训练 B. 步行训练
   C. 保持抗痉挛体位 D. 体位变换
2. 关于脑卒中类型说法错误的是（ ）
   A. 脑梗死 B. 蛛网膜下腔出血
   C. 脑挫伤 D. 脑出血
3. 穿衣训练属于（ ）
   A. 日常生活活动能力训练
   B. 肌肉耐力的训练
   C. 运动功能训练
   D. 平衡功能训练
4. 腰痛是哪种疾病最先出现的症状，也是最常见的症状（ ）
   A. 腰椎间盘突出症
   B. 骨关节炎
   C. 肢体损伤
   D. 颈椎病
5. 颈椎病是一种进展缓慢的颈椎退行性疾病，多见于（ ）
   A. 婴幼儿 B. 学龄前儿童
   C. 青年人 D. 中老年人
6. 颈椎病中发病率最高的是（ ）
   A. 椎动脉型 B. 神经根型
   C. 脊髓型 D. 交感型
7. ROM 测定是哪种疾病功能评定的首要方法（ ）
   A. 冠心病 B. 智力残疾
   C. 脊髓损伤 D. 肩关节周围炎
8. 对骨折患者采取的早期康复措施不正确的是（ ）
   A. 功能训练 B. 保证患肢的制动
   C. 药物康复 D. 抬高患肢

二、填空题

1. 偏瘫患者穿脱衣服时，一般先穿__________；先脱__________。
2. 康复护理的对象主要是________、________、________、________。

三、简答题

简述社区康复护理的内容。

（刘 岚）

第10章 社区安宁疗护

出生、成长、死亡是生命的自然规律，死亡是生命活动的最后阶段，是构成完整生命历程不可回避的重要组成部分。随着我国群众多样化、多层次健康需求的发展，临终患者及其家属需要的关怀和照顾需求也越来越强烈。

第1节 概　　述

案例 10-1　患者，女，45岁，公务员。卵巢癌晚期，已经多处转移。医生告知患者目前病情，生存期限可能只有3～6个月，患者情绪十分低落，不吃不喝，时常全身疼痛、咳嗽，对即将到来的死亡十分恐惧。丈夫也是公务员，一直在身边照顾，女儿即将高考，因担心被孩子知道病情会影响学习，患者和丈夫十分焦虑。

问题：1. 患者是否符合安宁疗护的条件？
2. 你应识别临终患者的哪些需求？
3. 社区护士应该为患者提供哪些安宁居家照护？

安宁护理是一种综合而人性化的照顾模式，主要为患者及其家属提供生理、心理、社会及精神等多方面的照顾，是一种对生命的终极关怀。

一、基本概念

（一）安宁疗护

我国国家卫生和计划生育委员会2017年2月在《安宁疗护实践指南（试行）》中指出，“安宁疗护实践以临终患者和家属为中心，以多学科协作模式进行，主要内容包括疼痛及其他症状控制、舒适照护、心理、精神及社会支持等”。这一概念强调了安宁疗护实践的适用人群为临终患者和家属，它肯定生命的价值，将死亡视为一个自然的过程，不刻意加速，也不延缓死亡的到来。它在控制疼痛及身体的症状之外，对患者的心理及灵性层面亦提供整体的照顾，同时强调来自患者周围的社会支持，不仅支持临终患者积极地活着直到辞世，也协助家属在亲人患病期间以及丧亲之后的心理反应都能有所调适，是减少痛苦的“优活”“善终”“优逝”。

此前，安宁疗护又称临终关怀、舒缓疗护、宁养服务、姑息治疗等，“安宁疗护”一词始于我国台湾地区，较其他表述准确又不失含蓄，更具人文关怀特性，强调了护理的重要性，让患者在有限的生命中得到充分的满足和安慰，社会容易接受。

（二）临终

临终是指临近死亡的阶段，患者在接受医疗和护理之后，病情仍继续恶化，尽管意识还清醒，但各种征象显示生命活动即将结束的状态。目前对临终时间的范围界定，各个国家尚无统一标准，美国定为估计存活时间在6个月以内者；日本为2～6个月；英国为预后1年或不到1

年；在我国大部分学者把诊断明确、无法治愈、预计生存期为3～6个月的患者视为临终患者。

二、安宁疗护特点

社区安宁疗护主要是以患者及其家庭为护理的基本单位，以临终患者和家属为中心的护理模式。安宁疗护具有“四全照顾”的特色，即全人照顾、全家照顾、全程照顾及全队照顾，旨在让更多癌症末期和生命终末期患者免受痛苦的煎熬，舒适地度过有价值的人生最后阶段。

（一）全人照顾

全人照顾是指对临终患者身、心、灵的整体照顾。与传统的治疗模式相比，安宁疗护是重视生命质量、维护患者生命尊严及权利，尊重宗教信仰的全人整体照顾。不同的宗教文化，信仰仪式（佛教、道教、基督教等）加上个人心理选择，成为患者心灵寄托的对象，安宁疗护不仅只是照顾患者身体的舒适，还包括为其进行心理情感、家庭支持、社会照顾、灵性照顾等多种服务。

（二）全家照顾

全家照顾包括对临终患者及其家属的照护。临终患者及其家属在患者病情变化及面临死亡时，会出现一系列的体力、心理、悲伤等问题，要以照护为中心，既要给予临终患者身、心、灵的整体照顾，也要为患者家属提供临终期及居丧期的关心与照护。

（三）全程照顾

全程照顾要求照护要贯穿患者从接受安宁疗护开始，一直到死亡的整个过程。照护团队在掌握患者心理状态的同时还要关注家属的心理和情绪，做家属的悲伤辅导，使其心理创伤减至最轻。

（四）全队照顾

安宁疗护应该通过多学科团队的协作来实现，这是一个团队的工作，成员包括医师、护理人员、社会工作者、志愿者、营养师、心理咨询师、宗教人员等共同参与的一项综合性服务，不是只靠某一学科、某一人员就可以做好安宁疗护的工作。

（考点：安宁疗护的特点）

三、安宁疗护的基本原则

（一）护理为主，适度治疗

鉴于国人的“孝慈”观念，传统的临床医疗流程对晚期疾病及临终患者的医疗照顾是生命不息，抢救不止，让许多生命终末期患者在痛苦折磨中走完人生最后一程。逝者无法安详过世，也为逝者的家人留下无尽痛楚与遗憾。因此，对临终患者来讲，疾病治愈无望，治疗应以维持生命、解除或减轻痛苦为主，对患者的治疗应该是适度的，促进患者舒适，同时减少医疗资源浪费。

（二）重视生命质量

每个人面临死亡的表现各异，较多的临终患者在生命的最后一段日子，常常是痛苦和无奈的，伴随着疼痛、不舒适、焦虑不安、孤独恐惧等。因此，有效控制症状，帮助临终者减轻和解除躯体上的痛苦，缓解心理上的恐惧，使临终者舒适、无痛苦，提高其生存质量，让每位生命终末期患者得以善终。

（三）维护生命尊严

患者尽管处于临终阶段，但仍有思维、意识、感情、个人的尊严和权利，个人尊严不应该因生命活力降低而减低，个人权利也不可因身体衰竭而被剥夺。医护人员应维护和支持其个人权利，尊重患者的价值观与宗教信仰，为患者提供医疗护理信息，包括治疗护理计划，允许患者及其家属参与医疗护理决策、医疗护理过程。

（四）接受死亡

帮助临终患者安详地迎接死亡和治疗护理患者一样重要。社区护士应树立正确的死亡观，尊重患者的知情权利，并掌握对患者及家属进行适当死亡教育的技能与交流技巧，帮助患者获得有关死亡、濒死相关知识，引导患者正确认识死亡，帮助患者舒适、安详、有尊严地离世。

（考点：安宁疗护的基本原则）

第 2 节　安宁照护

临终患者常因器官衰竭，出现各种症状如疼痛、恶心、呕吐及呼吸困难等。护士掌握临终患者常见的症状及护理措施，对临终患者保持舒适和尊严十分重要。

一、控制疼痛

（一）评估和观察

疼痛是临终患者尤其是癌症临终患者最严重的症状，常诱发内分泌、代谢、免疫和精神、心理改变，不仅影响患者饮食、睡眠、活动和情绪，给他们的临终期生活也造成了严重的威胁，甚至可使患者产生绝望情绪，严重影响患者的生活质量。同时，疼痛也会使家属感到极度的恐慌和失望。止痛治疗是安宁疗护治疗的重要部分，不仅要评估患者疼痛的部位、性质、程度、发生及持续的时间，疼痛的诱发因素、伴随症状，既往史及患者的心理反应，还应根据患者的认知能力和疼痛评估的目的，选择合适的疼痛评估工具（如数字评分法、文字描述法和视觉模拟评分法，图 10-1），对患者进行动态的连续评估并记录疼痛控制情况。

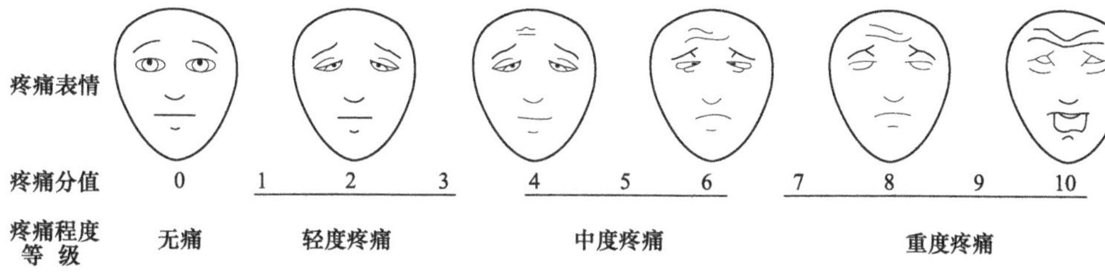

图 10-1　疼痛评估工具图

（二）实施护理

1. 镇痛原则

（1）根据世界卫生组织癌痛三阶梯止痛治疗指南，遵循药物止痛治疗五项基本原则：①口服给药；②按阶梯用药；③按时用药；④个体化给药；⑤注意具体细节。

（2）按患者疼痛程度选用止痛药物，阿片类药物是急性重度癌痛及需要长期治疗的中、重度癌痛治疗的首选药物。长期使用时，首选口服给药，有明确指征时可选用透皮吸收途径给药，也可临时皮下注射给药，必要时可选自控镇痛泵给药。

（3）使用镇痛药物后，要注意预防药物的不良反应，及时调整药物剂量。结合病情给予必要的其他药物和（或）非药物治疗，确保临床安全及镇痛效果。同时要避免突然中断阿片类药物引发戒断综合征。

（考点：镇痛原则）

2. 疼痛护理

（1）根据疼痛的部位协助患者采取舒适的体位。

（2）给予患者安静、舒适环境。

（3）遵医嘱给予止痛药，缓解疼痛症状时应当注意观察药物疗效和不良反应。

（4）有针对性地开展多种形式的疼痛教育，鼓励患者主动讲述疼痛，教会患者疼痛自评方法，告知患者及家属疼痛的原因或诱因及减轻和避免疼痛的其他方法，包括音乐疗法、注意力分散法、自我暗示法等放松技巧，避免焦虑、忐忑不安。

二、舒适照护

大多数情况下，尤其是生命终末阶段，临终患者会出现以下不同程度的症状：如呼吸困难、咳嗽、咳痰、恶心、呕吐、便秘或腹泻、腹胀、水肿、发热、厌食/恶病质、睡眠/觉醒障碍（失眠）、谵妄等，这些症状均会给患者带来很大的身心痛苦，社区护士应积极为患者提供各种对症护理，促进其舒适、安详。

（一）评估和观察

安宁疗护的目标是改善临终患者的生活品质，而不是延长死亡时间。社区护士要充分利用家庭资源，正确评估患者生命体征、精神和意识状态、营养状况、进食、牙齿、口腔黏膜、排便、排气、皮肤完整性及心理反应、情感和觉醒规律的改变等情况，识别、缓解各种不适症状，满足临终患者的健康需求。

（二）实施护理

1. 保持环境舒适　设置、营造整洁、舒适、温湿度适宜的居室环境，减少不良刺激，避免诱因。居室白天采光充足，夜间应留一盏壁灯或地灯，提供适量照明，避免临终患者视觉模糊产生害怕、恐惧心理，增加安全感。可按临终患者的喜好摆放艺术品、素雅装饰画、家庭照片、玩具等增加家庭温馨氛围的物品，常用物品放在患者易拿到的位置。床的放置不宜离家人太远以便照顾。床的软硬度以床垫不下陷为好，最好使用木板床，床上加软垫以避免局部受压。床的两侧放置有靠背的木椅，以便手扶靠背椅移动体位，也能代替床挡。

2. 合理膳食，保证最低营养需要　设计适合患者的食谱，按照少量多餐、富含营养、易于消化吸收的饮食原则，调剂饮食花样品种，鼓励患者进食。进食困难时，根据具体病情及患者、家属意见选择喂养或营养支持方式，如经口、鼻饲、胃空肠造瘘管饲或静脉营养，给予足够热量的均衡营养物和水分。必要时给予口腔护理，保持口腔清洁与舒适。

3. 皮肤护理，保持舒适体位　临终患者常因体质衰弱体位转换困难或因为疼痛而长期采取某一卧位，造成局部长期受压血液循环障碍导致压疮发生，社区护士应该与患者家属一起讨论制订为患者翻身、擦浴、按摩受压部位等皮肤护理计划，预防压疮。根据病情协助患者采取舒适体位，适当活动，预防坠床、跌倒。

4. 保持呼吸道通畅　及时清理呕吐物，指导患者掌握正确的咳嗽方法，教育患者及照护家属呼吸运动训练、拍背及深咳方法，协助有效排痰。

5. 做好会阴及肛周皮肤护理　尿失禁男性使用保鲜袋接尿，女性可使用尿布或护垫，大便失禁者床单下垫隔离中单，便后不仅要及时清除大便，还要清洗肛周，保持会阴部的整洁、干爽、无异味。

6. 安抚 生命终末期患者或临终者正处于生命最脆弱的阶段，生理上的不舒适及对死亡的恐惧，常常会出现失落与悲伤、孤独与绝望等，心理极为敏感、复杂，导致生活质量严重下降。社区护士应积极识别患者的心理需求，使用适度的言语或非言语安抚，对患者的诉说作出反应，使其感到支持和理解，也并不孤独，以稳定患者情绪，减少恐惧。

三、心理支持和人文关怀

（一）评估和观察

心理支持的目的是恰当应用沟通技巧与患者建立信任关系，引导患者面对和接受疾病状况，帮助患者应对情绪反应，鼓励患者和家属参与，尊重患者的权利和意愿做出决策，让其保持乐观顺应的态度度过生命终期，从而舒适、安详、有尊严地离世。社区护士应恰当应用评估工具筛查和评估患者的心理状况与情绪反应，评估患者的病情、意识情况，理解能力和表达能力，评估患者和家属对沟通的心理需求程度及其社会支持系统。

（二）实施护理

1. 倾听和交谈 认真、耐心、仔细地倾听患者诉说，倾听中要注意保持与患者目光接触，并适时使用共情技术，鼓励患者主动叙述，尽量理解患者情绪和感受，注意保护患者的隐私权与知情权。恰当应用倾听、沉默、触摸等沟通技巧表达对患者的理解和关怀，正确识别患者的焦虑、抑郁、恐惧和愤怒的情绪及有无自杀倾向。帮助患者寻找团体和社会的支持，促进其有效应对。及时了解患者的真实想法和临终前的心愿，尽量满足他们的各种需求，减轻因病情发展及对未尽事宜而产生的焦虑不安等，使其安然平静地接受死亡，没有遗憾地离开人世。

2. 触摸 对临终患者实施触摸式护理即皮肤接触能传达一种情感支持，拉近与患者的情感距离，满足患者心理需求。触摸式护理是大部分临终患者十分愿意接受的一种护理方法，护士在护理过程中，针对不同情况可以轻轻抚摸临终患者的手、胳膊、额头及胸、腹、背部，在使用触摸时，应当考虑到患者各方面的因素，如年龄、性别、文化、宗教信仰等，使其感受到身心的舒适，又不至于让对方产生误解。指导患者及家属使用放松技术减轻焦虑，如深呼吸、放松训练、听音乐等，减轻其孤独和恐惧感，预防意外发生。

3. 鼓励家属参与安宁疗护 临终患者最难忍受离开亲人的孤独，难以割舍与家人的亲情。会顾及自己的家庭和亲友，在适当的时候交代自己的后事。应根据患者疾病的不同阶段及种族、文化、信仰和习俗，选择不同的社会支持方式，尊重患者的价值观与信仰及知情权和隐私权，适时为患者提供医疗护理信息。允许患者及其家属参与医疗护理决策、医疗护理过程，了解治疗过程；指导家属掌握一些基本的护理技能，参与安宁疗护，使他们在照料亲人中获得心理慰藉；鼓励患者亲朋好友多陪在患者身边，为临终患者提供有效的心理支持和情感交流，让临终患者得到心理上的宽慰。

四、死亡教育

尽管死亡是每个生命无法抗拒的自然规律，鉴于我国几千年的文化、民族的风俗、习惯等因素，大多数人对死亡采取回避的态度，避讳谈论死亡。对死亡持否定态度，以恐惧和不安的态度消极抵抗死亡，导致有的患者在临终阶段无法接受死亡将至的事实，甚至有的患者在绝望和恐惧中选择自杀，在绝望和恐惧的精神痛苦中离开人世，给自己和亲人留下痛苦和遗憾。因此作为一名社区护士，自身要有正确的生命观、价值观和死亡观，具备对死亡的良好心理承受能力，这样才能更好地把握临终者面对死亡不同阶段的身心特点，提高对临终患者及其家属实施身、心、灵的整体照顾。

（一）评估和观察

应注意评估患者对死亡的态度；评估患者的性别、年龄、受教育程度、疾病状况、应对能力、家庭关系等影响死亡态度的个体和社会因素。

（二）实施护理

1. 尊重患者的知情权利　应根据患者的性别、年龄、受教育程度、疾病状况、应对能力、家庭关系、宗教信仰等影响死亡态度的个体和社会因素，加强与患者的沟通，尊重患者对死亡的态度。根据患者的心理承受能力，在适当时机与患者及家属共同讨论关于死亡的话题，不敷衍、不回避，引导患者面对和接受当前疾病状况。

2. 优死教育　帮助患者及家属获得有关死亡、濒死相关知识，引导患者正确认识死亡，缓解、减轻患者心理和精神上的压力、痛苦，同时缓和亲属对死亡的悲伤；针对患者对死亡的顾虑和担忧，给予解答和心理疏导，减轻、消除其失落感或自我丧失的恐惧，引导患者理智地面对，平静地接受现实，学习“准备死亡、面对死亡、接受死亡”。

3. 协助完成夙愿　鼓励家属陪伴和坦诚沟通，适时表达关怀和爱，给患者鼓励和希望，安排好患者每日的生活，不留遗憾；引导患者回顾人生，回忆其生命中的种种旧痛与欢乐、辉煌与艰辛，理解和认识自己生命弥留之际仍具有社会价值，肯定生命的意义；鼓励患者制定现实可及的目标，处理未了事务，如遗产的安排、子女的抚养、工作的交接等，并协助其完成心愿，让临终患者从对死亡的恐惧和不安中解脱出来，能平静、自然地接受死亡，满意走完人生的旅途。

五、签订临终患者家庭护理协议书

社区居家安宁疗护不同于医院内的护理，需要家属与社区护士的积极配合。因此，从管理角度来讲，签订“居家护理协议书”是有必要的。这既是社区护士对患者和家属的一种服务承诺，也是患者和家属对社区护士的一种认可和监督。在出现医疗纠纷或其他不可预测的问题时，也可作为一种法律依据。因此，社区护士须在签订之前充分向家属解释协议书内容，耐心解答问题和听取意见，使其真正知情、同意并能明确双方应承担的责任与义务。

第3节　居丧期照护

案例 10-2　患者，男，70岁。年度体检时被诊断为肺癌晚期，经化疗后全身状况仍继续恶化，患者清楚自己的病情，选择家庭病床居家疗护，社区医生和护士每日上门提供日间照护。1个月后患者在家里逝去。患者夫妻感情深厚，平时做家务、外出购物、散步均相依为伴，妻子难以接受丈夫的逝去，在患者去世半年后，仍想念逝者的声音、容貌，常常对着丈夫的遗像发呆，暗自垂泪，感到人生的空虚，自责是自己对丈夫生前照顾不周导致未能早期发现癌症，觉得现在的生活没有意义，甚至产生轻生念头。

问题：1. 患者去世时社区护士应该为家属提供哪些帮助？

2. 家属的反应属于哪个阶段的心理反应？

3. 如何帮助居丧者顺利度过悲伤期？

居丧期是指患者死亡后 6～12 个月的时间。患者安详、有尊严的逝去，是安宁疗护的结果，但并不是服务的终点。安宁疗护的最终目的是做好家属居丧期的护理。患者临终的过程也是其家属心理应激的过程，经历和承受着巨大的生理、心理及社会压力，始终被忧伤、焦虑所困扰，必将影响到丧亲者的身心健康和生活质量。作为社区护士，应了解丧亲家属的心理和情绪，适时提供心理支持，引导他们对死亡进行正确认识，帮助其接受亲人死亡的现实，缓解和消除对死亡的恐惧与不安，缩短悲痛过程，减轻悲痛程度，顺利度过居丧期，找到新的生活目标。

（考点：居丧期的概念）

一、居丧期家属的心理反应

美国社会学家帕克斯（Parkes）认为居丧期家属所产生的悲伤反应分为四个阶段，每个阶段的转换是逐渐推进的，各阶段之间没有明显界限。

（1）麻木阶段：主要表现为麻木和震惊，反应时间可能持续几分钟、几小时或几天，个体不能通过正常渠道缓解悲伤。

（2）渴望阶段：希望死去的亲人能够回来，反复回忆死者生前所做的事。

（3）颓丧阶段：需求死者复生的希望失败，感到人生的空虚和失败，对一切事物不感兴趣。

（4）复原阶段：意识到只有放弃不现实的期望，才能重新建立新的生活取向，恢复正常生活。

经历上述四阶段一般需要 6～12 个月的时间，但有的人悲伤时间会更长，应通过争取社会有关方面的支持和帮助，协助家属办理丧葬及家属的居丧辅导工作，缓解他们的身心痛苦。

二、哀伤辅导

（一）评估和观察

观察家属的悲伤情绪反应及表现，评估患者家属心理状态及意识情况，理解能力、表达能力和支持系统，识别正常的悲伤反应，防范意外发生。

（二）实施护理

1. 鼓励丧亲者表达悲哀情感　提供安静、隐私的环境，陪伴、倾听，与家属开展合适的交谈，运用眼神、握手等非语言安抚，表达对家属丧亲情感的理解和心理支持。鼓励家属充分表达悲伤情绪，缓解家属的心理痛苦。

2. 协助家属做好善后处理　当患者去世后，协助家属做好尸体料理，这既是对逝者的尊重，也是对生者的抚慰。尊重逝者和家属的习俗、灵性、信仰，采用适合的悼念仪式让家属接受现实，与逝者真正告别。同时指导家属取得死亡诊断书及指导家属与殡仪馆联络。

3. 提供居丧期随访支持　采用电话、信件、网络等形式回访，重视对特殊人群如丧亲父母和儿童居丧者的支持，充分发挥志愿者或社会支持系统的作用，安排逝者亲戚、同事、街坊或居委会等人士对丧亲家属的慰问和照料，鼓励丧亲家属正视问题和困难，避免不现实的要求，建立新的生活秩序。

4. 帮助居丧者顺利度过悲伤期　居丧者对逝者的感情眷恋，是悲伤持续不断的重要原因，是建立新生活的主要障碍。护理人员应鼓励居丧者参与社会活动，设法使居丧者对逝者健康地撤离情感上的联系，帮助其适应逝者不在的生活，协助建立新的人际关系，开始新的生活。

自测题

一、名词解释

1．安宁疗护
2．临终
3．居丧期

二、简答题

1．简述安宁疗护的特点。
2．简述安宁疗护的基本原则。
3．简述镇痛原则。

（马　英）

实 训 指 导

实训 1　参观社区卫生服务中心

社区卫生服务机构由社区卫生服务中心和社区卫生服务站组成。按照国家有关规定提供社区基本公共卫生服务和社区基本医疗服务。

讨论：

1. 社区卫生服务与社区护理的特点。

2. 社区卫生服务的方式。

3. 社区卫生服务中心的机构设置与社区卫生服务的主要服务内容。

［实训目的］

1. 了解社区的要素、社区护理的特点。

2. 熟悉社区卫生服务中心的机构设置与社区卫生服务的主要服务内容。

3. 掌握社区护士的职责。

［实训准备］

1. 教师准备　根据实训目的制订实训时间计划，并与社区卫生服务中心负责人共同修改与完善。与社区卫生服务中心负责人确定参观时间、人数及主要内容。

2. 学生准备　分小组预习实训计划内容，复习社区的要素、社区护理的特点；复习社区卫生服务的主要内容。

［操作流程及护理配合］

1. 社区卫生服务中心带教老师介绍本中心的基本情况，让学生了解该中心的组织机构设置和功能。

2. 社区卫生服务中心或科室的带教老师带领学生实地参观，让学生明确社区护士的职责及能力要求，了解社区卫生服务的内容。

［实训评价］

1. 能正确认识社区护理。

2. 能说出社区护士的角色及能力要求、社区卫生服务内容。

3. 能说出社区卫生服务中心的组织机构设置和功能。

［注意事项］

1. 举止文明，着装整洁。

2. 自觉遵守参观秩序，勿高声喧哗和嬉闹，认真听取带教老师讲解。

3. 收集资料时，注意保护患者隐私。

［实训作业］　书写实训报告。

1. 社区卫生服务中心的基本概况及组织机构设置。

2．社区卫生服务中心的科室分布及主要工作。

3．参观后对社区护理的认识。

（马　英）

实训2　建立一份居民健康档案

建立居民健康档案是国家基本公共卫生服务项目之一，是社区卫生服务工作的一项重要内容，是社区卫生工作者为居民提供连续性服务的重要依据。

［案例设计］ 某社区有4896户居民，共14 838人（外来人口2012人），其中60岁以上老人3250人，妇女6023人，儿童1201人，90%以上居民建立了居民健康档案。通过对档案资料分析、梳理发现，居住多年的张大爷被漏建了健康档案。张大爷78岁，独居，患有高血压，近半年来体力渐差，日常生活由保姆照顾。小王是该社区卫生服务中心工作人员，需要尽快为张大爷建一份居民个人健康档案。

讨论：1．应选择哪种方式为张大爷建档?

2．确定建档方式后，需要思考张大爷的健康档案有哪些内容，如何收集资料?

［实训目的］

1．了解建立居民健康档案的目的和作用。

2．熟悉居民健康档案的类型。

3．掌握居民健康档案的内容以及档案的建立、管理与使用。

［实训准备］

1．用物准备 《国家基本公共卫生服务规范（2011版）》中的“城乡居民健康档案管理服务规范”，一份完整的居民健康档案，记录笔。

2．操作者准备　选择社区老人为建档对象，解释说明本次实践的目的，取得配合。

3．患者准备　理解实践的目的，能主动配合。

［操作流程及护理配合］

1．操作前准备　熟悉《国家基本公共卫生服务规范（2011年版）》中的“城乡居民健康档案管理服务规范”的内容；联系社区卫生服务机构及建档对象，征得同意后预约建档时间。

2．实训内容和步骤

（1）由社区档案管理人员介绍社区居民健康档案的建立、管理与使用情况，建立居民健康档案的注意事项。

（2）初步了解建档对象的情况。

（3）选择恰当的建档方式为建档对象建立健康档案。

（4）将建好的居民健康档案存放在社区卫生服务机构。

［实训评价］ 实训结束后，学生以小组为单位汇报实训心得体会，带教老师点评、总结。

［注意事项］

1．实训前应认真学习相关理论知识，充分熟悉所准备的材料。

2．态度应积极、认真，预约好时间后要按时到达。

3．注意沟通技巧。

［实训作业］ 完成一份居民健康档案。

（何红丽）

实训3 产妇及新生儿的家庭访视

用科学的方法了解情况，明确社区居民的健康需求，发现问题，依据实际需求和现有的内在、外在资源合理地制订和实施居民及其家庭护理计划，以减少危险因素，解决居民及其家庭的健康问题，达到促进健康的目的。

［案例设计］周某，女，28岁，与丈夫、保姆生活在一起，于5日前顺产一男婴，社区护士计划于明日对该家庭进行访视。

讨论：1．对该家庭进行访视的内容有哪些？

2．要做哪些准备工作？准备哪些物品？

［实训目的］

1．了解产妇及新生儿家庭访视的重要性。

2．熟悉与产妇及新生儿的家庭成员的交流技巧，以便与被访视家庭建立良好的信赖关系。

3．掌握产妇及新生儿家庭访视的内容及相关健康检查的方法。

［实训准备］

1．用物准备 访视包、秤、皮尺、棉签、纱布、75%乙醇溶液、甲紫、碘酊、体温表、听诊器、压舌板、产后访视记录表、新生儿访视记录表、笔等。

2．操作者准备 访视前做好充分的心理、知识、技术准备；入户访视前，最好先按照课堂实训方法练习，然后正式入户访视。

3．访视对象准备 联系访视产妇及新生儿家庭，预约访视时间、地点。

［操作流程及护理配合］

1．课堂实训方法

（1）学生6人为一组，其中2人扮演社区护士，4人扮演新生儿家长。

（2）按访视表上的内容模拟进行家庭访视。

（3）学生以小组为单位讨论和分析产妇及新生儿家庭访视过程中的不足。

（4）教师总结。

（5）课堂实训练习过程中进行自评、互评，不断纠正偏差达到要求，最后通过实训指导教师测评。

2．入户访视方法

（1）学生6人为一组。

（2）实训老师介绍沟通技巧，强调家庭访视的内容、要求和注意事项。

（3）联系访视产妇及新生儿家庭，预约访视时间、地点。

（4）学生进入家庭进行访视，老师根据学生出现的问题进行补充。

（5）根据产妇及新生儿访视时间确定产妇及新生儿重点观察内容，实施产妇及新生儿护理措施。

（6）结束访视，师生共同与家庭成员道别，感谢配合。

（7）入户访视结束，学生自评、互评，并通过实训指导教师测评。

［实训评价］ 实训结束后，学生以小组为单位汇报实训心得体会，带教老师点评、总结。

［注意事项］

1. 实训前应认真学习相关理论知识，充分熟悉所准备的材料。

2. 态度应积极、认真，预约好时间后要按时到达。

3. 注意沟通技巧。

［实训作业］ 完成一份产后访视记录表和一份新生儿家庭访视记录表。

（郭姗姗）

实训 4 制作一份高血压患者社区管理的调查问卷

使用问卷调查法对社区高血压患者的情况进行全面的调查，了解社区居民中高血压患者的健康状况，以便采取更合理的健康教育方式，满足患者的需求。

> ［案例设计］患者，男，52 岁，个体工商户。患高血压 10 余年，最高 220/120mmHg，无明显症状，未规律用药，否认其他病史，吸烟 20 年（20 支 / 日），父亲有高血压脑出血病史。查体：血压 180/112mmHg。心电图：左心室高电压，提示心肌肥厚，V_4～V_6 ST 段水平下移 0.1～0.2mV，且 T 波倒置，但 2 年内无明显动态性改变。心脏超声：左心室舒张功能减退，左房（LA）38mm，室间隔（IVS）13mm，后壁（PW）11mm，符合高血压左心室肥厚改变。尿常规（－）。血脂、血糖均在正常范围内。诊断：3 级高血压、高危。患者平时以工作忙为借口从不锻炼，饮食早餐 2 两，中餐 4 两，晚餐 3 两，中晚餐以肉食为主，性格外向，易急躁。目前用药情况：氢氯噻嗪 25mg，每天 1 次；1 周后改为 12.5mg，每天 1 次；硝苯地平缓释片 10mg，每天 2 次。
>
> **讨论：**如何运用调查问卷对这位高血压患者进行评估？

［实训目的］

1. 了解调查问卷的设计原理。

2. 熟悉高血压的危险因素、临床表现及用药、饮食、运动等方面的护理。

3. 掌握与患者的沟通技巧、高血压的社区管理和护理。

［实训准备］

1. 用物准备 记录本、笔、血压计。

2. 操作者准备 复习高血压患者的社区护理与健康教育的相关内容，设计角色扮演练习情境，编写演练脚本。

3. 患者准备 了解调查的目的并能主动配合。

［操作流程及护理配合］

1. 教师讲解有关调查问卷的设计方法。

2. 学生共同讨论设计并制定出一份完整的调查问卷。

3. 学生模拟演练，学生分组，分为调查组和患者组，运用所学知识进行模拟问答并记录。

4. 小组讨论，学生们根据调查问卷的结果进行讨论分析，找出患者存在的问题及解决办法。

［实训评价］ 根据小组实验情况、教师点评，学生课后形成实验报告。

［注意事项］

1. 实训前应认真学习相关理论知识，充分熟悉所准备的材料。

2. 积极参与角色扮演练习，注意沟通技巧。

［实训作业］ 每组书写一份调查问卷。

附：社区高血压综合管理调查问卷

尊敬的居民：

您好！为了做好高血压的预防控制工作，保护大家的身体健康，减少高血压的发病率和并发症的发生，我们需要了解您关于高血压相关的情况，您的回答对我们很重要，希望您能根据实际情况进行回答。您的回答将给予保密。谢谢！

一、基本情况

1. 姓名：　　家庭住址：　　联系电话：

2. 您的出生日期：　　年　　月　　日　　年龄

3. 您的性别：①男　　②女

4. 文化程度　①小学　　②初中　　③高中 / 中专　　④大专及以上

5. 您的身高：　　cm，体重：　　kg

6. 您目前血压是：　　/　　mmHg

7. 您何时被医院诊断患有高血压：　　年　　月

二、高血压的知识

1. 您知道高血压的诊断标准是多少吗？

① 140/90mmHg　② 160/95mmHg　③ 145/95mmHg　④不知道

2. 您知道高血压是导致脑卒中、冠心病的最重要危险因素吗？

①知道　　②不知道

3. 您认为缺乏体育锻炼者易患高血压吗？

①容易　　②不容易

4. 您认为高血压应该如何治疗？

①只需药物治疗　②只需非药物治疗　③两者均要　④不知道

5. 高血压治疗方案要考虑下列哪些因素？

①只看血压水平　②综合考虑进行危险分层　③不知道

三、相关的行为危险因素

1. 您的家人有高血压病史吗？

家人	有无高血压情况		
□ a. 祖父 / 外祖父	①有	②没有	③不知道
□ b. 祖母 / 外祖母	①有	②没有	③不知道
□ c. 父亲	①有	②没有	③不知道

续表

家人	有无高血压情况		
□d. 母亲	①有	②没有	③不知道
□e. 兄弟/姐妹	①有	②没有	③不知道

2. 您吸烟吗？

①从不吸烟　②吸烟，现在仍在吸　③过去吸烟，现已戒烟

3. 您的饮食习惯是

①偏咸　②偏淡　③不咸不淡　④不清楚

4. 您有过量饮酒吗？（过量饮酒指每日饮白酒≥100ml，且每周饮酒在4次以上）

①经常　②有时　③没有　④过去过量饮酒，现已戒

5. 过去一年中，您会感到精神紧张吗？

①经常　②有时　③没有　④不知道

6. 过去一年中，您采取什么措施控制体重？（可多选，在选中答案前面的□打"√"）

□①增加锻炼　□②服用减肥药　□③控制饮食

□④其他　□⑤没有采取任何措施

7. 过去一年中，您认为自己的健康状况如何？

①很好　②较好　③一般　④较差　⑤差　⑥不知道

四、临床表现

1. 您目前有哪些症状？（可在选中答案前面的□打"√"）

□①头晕　□②视物模糊　□③烦躁　□④面色苍白或潮红

□⑤头痛　□⑥其他　□⑦没有症状　□⑧不知道

2. 您有过下面这些高血压相关的诊断吗？（可在选中答案前面的□打"√"）

□①左心室肥厚　□②蛋白尿和（或）血浆肌酐浓度轻度升高

□③视网膜动脉普遍或灶性狭窄　□④没有

□⑤不知道

3. 您出现过高血压的这些并发症吗？（可在选中答案前面的□打"√"）

□①缺血性卒中　□②短暂性脑缺血发作（TIA）　□③脑出血

□④心绞痛　□⑤心肌梗死　□⑥充血性心力衰竭　□⑦糖尿病肾病

□⑧肾衰竭　□⑨出血性渗出　□⑩视盘水肿　□⑪没有

□⑫不知道

五、高血压治疗

1. 您目前采用哪些方法来控制血压？

①非药物治疗　②药物治疗　③两者都采用　④没有治疗

2. 您采用了哪些非药物治疗的方法？（可在选中答案前面的□打"√"）

□①合理饮食　□②体育锻炼　□③戒烟　□④限酒

□⑤控制体重　□⑥其他　□⑦不知道

3. 您服用降血压药物情况如何？（若a、b、c、d都选②则直接跳到第5题）

□a. 您是否有忘记服药的经历？	①有　②没有
□b. 您是否有时不注意服药？	①是　②不是
□c. 自觉症状改善时，您是否曾停药？	①是　②不是
□d. 服药自觉症状更坏时，您是否曾停药？	①是　②不是

4. 您不能规律服用降血压药物的原因是什么？（可在选中答案前面的□打"√"）

□①经济原因　□②药物不良反应　□③服用不方便　□④忘记

□⑤配药不方便　□⑥不愿意服药　□⑦看不到明显疗效　□⑧其他

5. 经过治疗后，您的血压可以控制在正常水平吗？（选②③则直接跳到第7题）

①不能　②可以　③不知道

6. 您的血压不能控制在正常水平的原因是什么？

①没有坚持非药物治疗　②不能按医嘱服用降血压的药物

③两者都有　④其他

⑤没有治疗

7. 您目前看病主要采取什么付费方式？

①自付　②公费医疗

③劳保医疗　④城镇基本医疗保险

⑤农村合作医疗　⑥社会保险医疗

⑦商业医疗保险　⑧其他

六、高血压管理需求

1. 您目前对高血压管理主要采取哪些措施？（可在选中答案前面的□打"√"）

□①定期到医院检查　□②参加高血压俱乐部

□③社区随诊　□④其他

□⑤不知道

2. 您觉得有必要提高您的高血压相关知识和管理技能吗？

①有必要　②没有必要　③不知道

七、您对社区高血压管理有什么好的建议，请您写下来告诉我们

问卷结束，谢谢！

调查员：

调查日期：　　年　　月

（苏　婵）

实训5 社区常用健康状况评价指标的计算

社区常用健康状况评价指标是反映人群健康状况的重要指标，是特定人群中个体健康的综合反映，是制定社区卫生事业发展规划、研究疾病防治的依据。

讨论：常用的生命统计指标的含义及计算方法。

[实训目的]

1. 了解社区常用健康状况评价指标的含义及用法。
2. 熟悉常用的生命统计指标。
3. 掌握常用的生命统计指标的计算方法。

[实训准备]

1. 教师准备 试题、计算器。
2. 学生准备 复习相关理论知识。

[操作流程及护理配合]

1. 教师发放作业试题。
2. 全班同学每5～6人分为一组，每组推选出1名组长，以小组为单位讨论、分析、解答试题，由组长汇报结果。
3. 教师针对各小组汇报情况进行点评、讲解。

[实训评价]

1. 能熟知各项生命统计指标的含义及用法。
2. 学会社区常用健康状况评价指标的计算方法。

[注意事项]

1. 认真分析题目，确定解题方法。
2. 严谨细致，规范解题。

[实训作业]

1. 某社区辖区内工厂2010年职工25 000人，筛检发现肺结核患者56人，其中旧病例22人。经过治疗，治愈40人，未愈9人，死亡7人。请计算该厂人群2010年肺结核的发病率、患病率、死亡率和病死率。

2. 2005年某疾病监测点为了查实该地主要疾病的发生、死亡及有关情况，进行了一次流行病学调查，有关数据如下：2005年7月1日该监测点人口数9.5万；同年1月1日该点人口数9.2万；同日记录的恶性肿瘤病例62例；2005年恶性肿瘤新发病例180例，同年恶性肿瘤患者死亡人数为120。请计算该监测点人群：

1）2005年的恶性肿瘤发病率、患病率、死亡率及病死率。

2）2005年1月1日恶性肿瘤的时点患病率。

3. 某社区共有78 566人，2004年进行周期性健康检查时诊断高血压患者632人，其中225人是这次检查中新发现的患者。请计算该社区高血压的患病率和发病率。

（马 英）

参 考 文 献

陈锦治，2008. 社区护理. 第 2 版. 北京：人民卫生出版社
国家卫生计生委，2016. 全国护理事业发展规划（2016-2020 年）
国家卫生计生委，2017. 安宁疗护实践指南（试行）
国家卫生计生委，2017. 安宁疗护中心基本标准和管理规范（试行）
国家卫生计生委，2017. 国家基本公共卫生服务规范（第 3 版）
姜丽萍，2014. 社区护理学. 第 3 版. 北京：人民卫生出版社
姜瑞涛，徐国辉，2015. 社区护理. 第 3 版. 北京：人民卫生出版社
李春玉，2007. 社区护理学. 第 2 版. 北京：人民卫生出版社
李春玉，2012. 社区护理. 第 3 版. 北京：人民卫生出版社
蔺慧芳，2012. 社区护理. 第 3 版. 北京：科学出版社
卫生部科技教育司，2001. 社区护士岗位培训教材. 北京：中国协和医科大学出版社
张静芬，2014. 老年护理学. 北京：科学出版社
周建萍，高云，2014. 社区护理学. 第 2 版. 西安：第四军医大学出版社

教学基本要求

一、课程性质和课程任务

“社区护理”是护理学与医学、社会学、公共卫生学、预防医学、康复医学等相关学科相结合的新兴应用型学科，是护理专业主干课程之一。社区护理的理论和技能对培养社区护理服务人才具有重要作用。本课程主要任务是使学生在具有一定科学文化素质的基础上，既了解本学科的基本理论知识，同时又具有社区护理的工作技能，为毕业后从事临床护理或社区护理工作及专业发展打下良好的基础。

二、课程教学目标

（一）知识教学目标

1．了解社区护理的概念、特点和主要工作任务。

2．熟悉社区卫生服务的内容，社区护士的角色、任务和工作方法。

3．熟悉社区环境中影响健康的主要因素和疾病的三级预防策略。

4．掌握家庭护理的基本概念、工作内容和方法。

5．熟悉社区健康教育的方法、内容和技巧。

6．掌握不同人群（儿童、妇女和中老年人）社区保健护理工作的要点。

7．掌握慢性病和传染病患者的社区管理和护理要点。

（二）能力培养目标

1．通过教学，使学生具备规范、熟练的社区护理基本操作技能。

2．培养学生运用社区护理的工作方法开展家庭访视和健康教育、社区重点人群的保健与护理活动，为社区重点人群提供个体化的预防保健服务。

3．培养学生自主学习及发现问题、分析问题、解决问题的综合职业能力。

（三）思想教育目标

1．了解社区重点人群的保健与社区管理和护理知识，培养全心全意为社区人群服务的思想。树立热爱生命、实事求是的科学态度。

2．具有良好的职业道德、人际沟通能力和团队协作能力。

3．具有严谨的学习态度、敢于创新的精神、勇于创新的能力。

三、教学内容和要求

教学内容	教学要求			教学活动参考
	了解	理解	掌握	
一、绪论				理论讲授、
（一）社区				多媒体演示、
1. 社区的概念			√	参观、讨论
2. 社区的基本构成要素			√	
3. 社区的功能		√		
（二）社区卫生服务				
1. 社区卫生服务的概念		√		
2. 社区卫生服务的内容			√	
3. 社区卫生服务的特点		√		
4. 社区卫生服务的方式			√	
5. 我国社区卫生服务体系概述	√			
（三）社区护理				
1. 社区护理概述	√			
2. 社区护士			√	
3. 社区护理的发展	√			
二、居民健康档案				
（一）建立居民健康档案的目的与作用				理论讲授、
1. 建立居民健康档案的目的	√			多媒体演示
2. 建立居民健康档案的作用	√			
（二）居民健康档案的类型与内容				
1. 居民健康档案的类型			√	
2. 居民健康档案的内容			√	
（三）居民健康档案的建立、管理与使用				
1. 居民健康档案的建立		√		调查、讨论、填写
2. 居民健康档案的管理与使用		√		
三、社区家庭护理				理论讲授、
（一）家庭与健康				多媒体演示
1. 家庭概述	√			
2. 家庭与健康的关系	√			
（二）家庭健康评估				
1. 评估内容			√	
2. 评估工具			√	
3. 家庭健康护理评估的注意事项			√	

续表

教学内容	教学要求			教学活动参考
	了解	理解	掌握	
（三）家庭护理概述				
1. 家庭护理的概念	√			
2. 家庭护理的作用	√			
3. 家庭护理的内容		√		
（四）家庭护理的形式				
1. 家庭访视			√	
2. 居家护理			√	
四、社区重点人群的保健与护理				理论讲授、多媒体演示、情景教学、角色扮演
（一）社区儿童的保健与护理				
1. 概述	√			
2. 各年龄阶段儿童保健与护理		√		
3. 计划免疫和预防接种			√	
（二）社区妇女的保健与护理				
1. 概述	√			
2. 社区妇女各期保健与护理		√		
（三）社区老年人的保健与护理				
1. 概述	√			
2. 社区老年人的生理及心理特点		√		
3. 社区老年人的日常生活保健		√		
五、社区慢性病的管理和护理				理论讲授、多媒体演示、情景教学
（一）概述				
1. 慢性病的概念和特点		√		
2. 慢性病的分类	√			
3. 慢性病的高危因素		√		
4. 慢性病的防治策略与管理		√		
（二）常见慢性病患者的社区管理与护理				
1. 高血压患者的社区管理与护理			√	小组讨论
2. 糖尿病患者的社区管理与护理			√	
六、社区传染病患者的护理与管理				理论讲授、多媒体演示、情景教学
（一）概述				
1. 传染病的概念		√		
2. 传染病的流行过程及影响因素		√		
3. 传染病的分类及疫情报告			√	
（二）传染病的社区管理与护理				

续表

教学内容	教学要求			教学活动参考
	了解	理解	掌握	
1. 传染病的社区管理		√		
2. 社区护士在传染病预防控制中的任务		√		
（三）社区常见传染病患者的管理与护理				
1. 肺结核患者的社区管理与护理		√		
2. 手足口病患者的社区管理与护理		√		
七、社区护理中常用的流行病学方法与评价指标				理论讲授、多媒体演示
（一）概述				
1. 流行病学的概念		√		
2. 流行病学的特征		√		
3. 流行病学在社区护理中的应用	√			
（二）流行病学基本研究方法				
1. 描述性研究	√			
2. 分析性研究	√			
3. 实验性研究	√			
4. 理论性研究	√			
（三）社区常用健康状况评价指标				
1. 生命统计		√		
2. 常用的生命统计指标		√		
3. 应用生命指标的注意事项		√		
八、社区健康教育与健康促进				理论讲授、多媒体演示、角色扮演
（一）社区健康教育				
1. 概述	√			
2. 社区健康教育的目的、方法、对象及内容		√		
3. 健康教育相关理论	√			
4. 社区健康教育的步骤		√		
（二）社区健康促进				
1. 概述	√			
2. 健康促进的活动领域		√		
3. 健康促进的主要内容		√		
4. 社区常见的健康促进活动		√		
九、社区康复护理与管理				
（一）概述				理论讲授、多媒体演示、情景教学、角色扮演
1. 社区康复护理的概念	√			
2. 社区康复护理的对象		√		

续表

教学内容	教学要求			教学活动参考
	了解	理解	掌握	
3. 社区康复护理的内容		√		
(二) 社区康复护理常用的技术和方法		√		
(三) 常见伤残患者的社区康复护理				
1. 脑卒中患者的社区康复护理		√		
2. 常见骨与关节疾病的社区康复护理	√			
十、社区安宁疗护				
(一) 概述				理论讲授、多媒体演示、情景教学
1. 基本概念	√			
2. 安宁疗护特点		√		
3. 安宁疗护的基本原则		√		
(二) 安宁照护				
1. 控制疼痛		√		
2. 舒适照护		√		
3. 心理支持和人文关怀		√		
4. 死亡教育		√		
5. 签订临终患者家庭护理协议书	√			
(三) 居丧期照护				
1. 居丧期家属的心理反应		√		
2. 哀伤辅导		√		
实训 1 参观社区卫生服务中心		√		
实训 2 建立一份居民健康档案		√		
实训 3 产妇及新生儿的家庭访视		√		
实训 4 制作一份高血压患者社区管理的调查问卷		√		
实训 5 社区常用健康状况评价指标的计算		√		

四、教学大纲说明

(一) 适用对象与参考学时

本教学大纲主要供中等卫生职业教育护理、助产等专业教学使用，总学时为 54 学时，其中理论教学 33 学时，实践教学 21 学时。

(二) 教学要求

1. 本课程对理论部分教学要求分为掌握、理解、了解三个层次。掌握：指对基本知识、基本理论有较深刻的认识，并能综合、灵活地运用所学的知识解决实际社区护理问题。理解：指能够领会概念、原理的基本含义，解释社区健康问题。了解：指对基本知识、基本理论能有一定的认识，能够记忆所学的知识要点。

2. 本课程重点突出以能力为本位的教学理论，实践课要求分为熟练掌握和学会两个层次。熟练掌握：能灵活应用所学知识发现和分析社区护理问题。学会：在教师的指导下对某些社区护理技术进行操作实践。

（三）教学建议

1. 在教学过程中要积极采用现代化教学手段，加强直观教学，充分发挥教师的主导作用和学生的主体作用。注重理论联系实际，开展多媒体演示、案例引导、情景教学等多种形式教学，注意培养学生的服务意识、专业态度和沟通能力，提高学生的专业综合素质和良好的职业形象。

2. 实践教学要充分利用教学资源，可通过社区见习、小组讨论、角色扮演等形式开展。教学时应充分调动学生的主动参与性，并注意对学生的学习成果给予充分的肯定和鼓励，给予学生合理的评价。

3. 教学评价应通过课堂提问、布置作业、单元目标测试、案例分析讨论、社区见习表现、期末考试等多种形式，对学生进行学习能力、实践能力和应用新知识能力的综合考核，评价还应体现评价主体多元化、评价过程多元化，以期达到教学目标提出的各项任务。

学时分配建议（54学时）

教学内容	学时数		
	理论	实践	小计
一、绪论	3	3	6
二、居民健康档案	3	3	6
三、社区家庭护理	3	0	3
四、社区重点人群的保健与护理	6	3	9
五、社区慢性病的管理和护理	3	3	6
六、社区传染病患者的预防与管理	3	0	3
七、社区护理中常用的流行病学方法与评价指标	3	3	6
八、社区健康教育与健康促进	3	3	6
九、社区康复护理与管理	3	0	3
十、社区安宁疗护	3	0	3
机动	3	0	3
合计	39	15	54

自测题选择题参考答案

第 1 章

1. B 2. D 3. B 4. B

第 2 章

1. E 2. C 3. D 4. B 5. B 6. D 7. A

第 3 章

1. B 2. A 3. B 4. C 5. D

第 4 章

1. B 2. E 3. A 4. A 5. A 6. E 7. B 8. A 9. D 10. E 11. C 12. C 13. A 14. A 15. C 16. D

第 5 章

1. C 2. C 3. C 4. D 5. E 6. E 7. A 8. E 9. C 10. B

第 6 章

1. A 2. B 3. D 4. E 5. A 6. C 7. A 8. C 9. A 10. D 11. C

第 7 章

1. B 2. B 3. A 4. D 5. A 6. C

第 8 章

1. E 2. C 3. D 4. E 5. B 6. B 7. D 8. D 9. B 10. E

第 9 章

1. D 2. C 3. A 4. A 5. D 6. B 7. D 8. B